酒徒

中華満腹大航海

KADOKAWA

鵪鶉
乳鴿
老猫 8元
牛鞭 15元
魚头 8元
炖鲜羊肉
炖兔肉
炖猪展 8元
同得兴价目
苏式爆鱼 13
昆山卤鸭 18
焖蹄

中華満腹大航海

はじめに

広大な中国では、地域が異なれば国が変わったかのように料理も変わる。「中華料理」「中国料理」などという言葉ではとてもひとくくりにできない多彩さがある。そのことを学生時代の中国旅行で感じ取った僕は、本場の中華料理の魅力に取り憑かれた。

毎日中華料理を食べる生活を送りたくて中国へ留学し、その勢いに乗って、仕事では北京・上海・広州という三つの都市に通算十年間暮らすという幸運に恵まれた。滞在中は、毎日の食べ歩きはもちろん、未知の料理を求めて中国各地を飛び回った。

その結果分かったことは、中国で昔から当たり前のように食べられている料理のうち、日本で知られているのはほんの一部で、喩えるなら、大海原の片隅でしかないということだ。そして、日本からは見えていない水平線の向こうには、珍しさと面白さと飛び切りの美味しさに満ちあふれた「お宝」が数限りなく潜んでいたのである。

「この料理はどうやって作るんだろう?」「なぜこんな不思議な料理が生まれたんだろう?」。自然と沸き上がる食い意地、いや、知的好奇心に突き動かされるままに、各地で出合った料理を全て記録し、その作り方や成り立ちを調べるという日々を送るうちに、気付けば四半世紀が過ぎ去っていた。

本書は、本場の中華料理という果てしなき大海原に魅入られた男が、これまでの航海で見つけたお気に入りの「お宝」についてまとめたものだ。とはいえ、その全てを紹介することはできないので、章ごとに一つの都市を選び、その都市ならではの名物料理を三つずつ紹介していく趣向を取っている。

もっとも、無数の候補の中からたった三つを選び出すのは、それはそれで困難を極めた。現地での人気順で選んでも、知名度順で選んでも、どうもしっくりこない。そこで、選定基準は思い切って私的なものとした。

- **その料理のことを思い出すだけで、僕が思わずニヤけてしまうもの**
- **その土地にもう一度行くとしたら、僕が必ず食べたいと思うもの**
- **その料理を愛するあまり、僕が自分でも作って食べるようになったもの**

要するに、「筆者の思い入れの強さ」である。あまりにも我の強い基準で恐縮だが、三十年近く書き続けてきた「航海日誌」から悩みに悩んで選び出した各地の名物料理は、そのどれもが皆さんによだれを流してもらえるような魅力を備えているはずだと信じている。

舌と胃袋を羅針盤にして巡った魅惑の大航海に、しばしお付き合いください。

酒徒

目次

01 上海市

本書の口開けを飾るのは、上海市。中国に四つある直轄市のひとつだ。かつては長江河口の南岸に位置する小さな港町に過ぎなかったが、十九世紀半ばに対外貿易港として開港されてから約二世紀を経て、人口二千五百万人を誇る中国最大にして世界最大級の国際都市に成長した。

しかし、都市の成長に伴って、この街の飲食業界には大きな変化が生じた。目が飛び出るような値段をつける高級店や今風の奇抜な料理を出すチェーン店が続々登場する一方で、個人経営のローカル店は家賃高騰、強制立ち退き、営業許可証の取り締まり強化などにより次々に姿を消していったのである。

上海は、僕の十年間に及ぶ中国生活のうち、五年間を過ごした都市でもある。僕が住む間にも、そうした変化はどんどん進んだ。華やかな高級料理よりも市井の人々に親しまれているローカルフードを愛する僕としては、その変化を複雑な気持ちで眺めていたが、それを止められないことも分かっていたので、今のうちに好きな店で好きなものを食べておこうと割り切って、日々の食べ歩きに励んでいた。

ここでは、僕が上海滞在中に数え切れないほど食べた三つの大好物をご紹介しよう。

◉菜飯（上海式炊き込みご飯）――ラードから上海の歴史が香り立つ

菜飯《ツァイファン》は、上海ならではの炊き込みご飯だ。上海の下町を歩くと、菜飯の専門店をあちこちに見つけることができる。店頭の調理場で、鑊《フォ》と呼ばれる巨大な鉄の平鍋を使い、数十人分の菜飯を一気に炊き上げる様子は一見の価値ありだ。一方、家庭で作る場合は、炊飯器を用いた簡易レシピが親しまれている。上海人にとっては、外でも家でも食べるソウルフードなのだ。

店や家庭の数だけ作り方があると言われるような料理だが、最も原始的だと思われるのが、重油菜飯《ジョンヨウツァイファン》だ。重油とはラードのことで、なんと具はラードと上海青《シャンハイチン》（チンゲン菜）のみ。日常的に肉を食べられなかった前世紀の貧しい時代には、ラードの香りがせめてものご馳走だったのだという。

作り方は、細かく刻んだ上海青を油で炒め、米と水を加えて炊き上げる。最初から炒め油にラードを使う派と炊き上がったあとに少量のラードを混ぜ込む派がいたようだが、その違いは各家庭のラードの保有事情によるものだったのかもしれない。

その後、上海が豊かになるにつれて、肉を加えるのが定番になったようで、今はどの店のものも大抵、刻んだ鹹肉《シエンロウ》（塩漬け干し豚肉）か広式腊腸《グアンシィラーチャン》（広東風ソーセージ）が一緒に炊き込まれている。

大きな鉄鍋で豪快に作られる重油菜飯。

【写真上】こちらの店の菜飯は鹹肉（塩漬け干し豚肉）入りだ。
【写真下】菜飯にトッピングとスープも追加。

ラードでコクと輝きを増したご飯をガバッと頬張る。たっぷりと混ぜ込まれた上海青のシャキシャキした食感。鹹肉や広式腊腸の力強い旨味。地味な見た目ではあるが、豊かな味わいが口の中に広がる。そこに香ばしいおこげが混じっていれば、思わず目尻が下がる。

菜飯には、黄豆骨頭湯《ホァンドウグートウタン》（大豆と豚骨のスープ）を添えるのがお約束だ。味付けは塩だけだが、豚骨の豊かな旨味がわずかな塩で膨らむ。ほろほろの大豆が美味しい。途中で香りの良い辣椒油《ラージャオヨウ》（ラー油）を垂らせば、一杯で二つの味が楽しめる。

更に、トッピングを足すこともできる。定番は、鹹肉《シエンロウ》（塩漬け干し豚肉）、蹄膀《ティーパン》（豚足の醤油煮込み）、爆魚《バオユィ》（川魚の揚げ物）、素鶏《スージー》（大豆由来のベジミート）など。これらは上海料理界ではお馴染みの面々で、菜飯の店だけでなく、麺屋のトッピングや食堂のつまみとしても登場する。いずれもボリュームたっぷりで、主食が進む濃い目の味付けが特徴だ。

実のところ、上海にはこの種の「ハイカロリー・ボリュームたっぷり・濃い味付け」の小吃《シャオチー》（軽食・おやつ）が多い。十九世紀の対外開港以降、他地域から多数の労働者がこの街へ流入し、彼らの日々の厳しい肉体労働を支える糧として、安価でジャンキーでエネルギッシュな料理が好まれた結果だと思われる。それが今や伝統料理となり、老若男女に広く親しまれているところが、この街の食文化の面白さだ。

菜飯は、そういった上海の小吃の中で、ご飯もの代表と言うべき存在なのである。

黄豆骨頭湯（大豆と豚骨のスープ）。
やさしい味に癒される。

熱々の鹹肉（塩漬け干し豚肉）。厚みに興奮！

ド迫力の蹄膀（豚足の醤油煮込み）。
むっちりとしたゼラチン質がご馳走！

◉糖醋小排（豚の骨付きスペアリブの甘酢揚げ）——王道の上海料理とは

上海料理は、上海では本幇菜《ベンバンツァイ》と呼ばれる。二十世紀初頭、中国各地の料理が人気を競っていた上海で、上海ならではの料理を他と区別するために、ご当地料理を意味する本幇菜という呼称が定着したようだ。本幇菜の特徴をひと言で言うなら、「濃油赤醤《ノンヨウチィジャン》（油と醤油がたっぷり）」。それに加えて砂糖や黒酢も多用するため、見た目は真っ茶色で、甘辛くこってりとした料理ができあがる。

糖醋小排《タンツウシャオパイ》は、本幇菜の特徴を最もよく表した料理のひとつだ。小さく切った豚の骨付きスペアリブを下揚げしたあと、醬油・砂糖・黒酢を煮つめてとろみをつけた甘酢ダレにからめる。大きな肉の塊ではなく、敢えて小排《シャオパイ》（小さな骨付きスペアリブ）を用いるのがポイントで、骨周りのむっちりした肉を齧り取って味わうところに妙味がある。

できたてを出す店もあるが、僕は常温まで冷ましたものを冷菜として供する店が好きだ。冷ますことで味がしっとりと肉に染み込み、酸味と甘味のコンビネーションがより深みを増す。作り置きなので頼めばすぐ出てきて、熱いうちに食べなきゃと焦る必要がないところもいい。要は酒飲みのリズムに合う料理であり、ひとつひとつの肉をゆっくりねぶりながら酒をすすっていると、上海生活の幸福をしみじみと感じることができた。

おおよそ上海料理店でこの料理を出さない店はないと言えるほどの定番料理なので、僕は初

糖醋小排。冷ましてこその美味しさ。頼むとすぐに出てくるのもいい。
肉を齧り取って、骨までしゃぶろう。

めて行く上海料理店では、必ずこれを頼んでいた。経験上、これがイマイチなら、その後の料理も期待できなかったのだ。その店の試金石になる定番料理だという意味では、日本の大衆居酒屋におけるねぎぬたやポテトサラダに似た存在かもしれない。

もちろん、合わせるべき酒は紹興酒一択だ。甘い料理に甘い酒を重ねる、上海ならではの不思議なマリアージュが楽しめる。

因みに、一般的な上海料理知名度ランキングでは、同じ豚肉料理なら紅焼肉《ホンシャオロウ》（豚三枚肉の醤油煮込み）の方が上かもしれない。ひと口大に切った豚三枚肉を醤油・砂糖・紹興酒などで甘辛く煮込む上海式の角煮で、てらてらと輝く豚三枚肉のこってりした味わいが魅力だ。ただ、どちらかというと、これはご飯のお供という気がする。酒飲みの諸氏には断

糖醋小排を食べるなら、必ず紹興酒を頼もう。

然、糖醋小排をお勧めしておきたい。

◉ 葱油拌麺（葱油の和え麺）――「単純にして至高」の和え麺

本章の最後にご紹介するのは、僕が身もだえするほど大好きな葱油拌麺《ツォンヨウバンミエン》だ。見た目は、地味極まりない。具は、多めの菜種油でじっくり炒めた青葱だけ。他に加えるとしても、干し海老か細切り豚肉のどちらか程度だ。麺の下に潜んでいるタレも、長めに切った青葱を炒めた油に醤油や砂糖を加えて煮詰めただけのものである。だが、これがべらぼうに旨い。ここでは、僕が葱油拌麺の中でも最も愛する、干し海老入りの葱油開洋拌麺《ツォンヨウカイヤンバンミエン》について語らせてもらおう。

ドン！　と麺を盛った碗が目の前に置かれた途端、香ばしい葱油の香りが鼻孔をくすぐってくる。湧いてくる唾を呑み込みながら、麺を混ぜる。麺の底にぐっと箸を入れ、全体を回転させるように何度も何度も混ぜる。すると、麺がぬらぬらと茶色く色付いていくのに従って、まるで碗の中で化学反応が起きたかのように、それまでより力強く、豊かな香りが立ち昇ってくる。それは麺の熱でまんべんなく温められたタレの香りが香ばしさを増した

葱油拌麺

葱油開洋拌麺。香ばしい干し海老が加わる。

混ぜれば混ぜるほど美味しくなる。青葱・干し海老・タレ・麺。四位一体の波状攻撃！

あらかじめタレと麺を和えたものを出す店もある。

ものなのだが、何と言うか、実に扇情的だ。

たまらず麺をガバッと口に放り込むと、その香りがズワッと鼻に抜け、一気に夢見心地になる。歯を噛みしめれば、香ばしい醬油ダレの甘辛さをベースに、青葱の甘味や干し海老の旨味が口一杯に広がっていく。あとはもう、一心不乱に箸を動かすだけだ。卵もかん水も入れない中太のストレート麺には柔らかな小麦の風味があり、香りと旨味の奔流を優しく受け止める。噛むとプツリと切れてコシはないが、主張の弱い食感だからこそ、青葱や干し海老の歯応えが絶妙なアクセントになる。

高級食材を何ひとつ使わずとも、こんなに豊潤な味わいが出せるものなのか。下世話で、シンプルで、パワフルで、人間の原始的な食欲をゆさぶる恐るべき味だ。値段にしたら一杯数百円の安価なものだが、食べるたびにものの旨さとは値段ではないのだなとつくづく思わされる。

これまでの人生、一体何回食べたことだろう。いつしか自分でも作るようになり、今や我が家の定番料理になっている。上海式の麺を出す店ならばどこでも食べられるので、上海へ行ったら是非とも一度お試し頂きたい。

レシピ① 作って食べよう

上海料理

本帮菜

糖醋小排

（豚の骨付きスペアリブの甘酢揚げ）

用料（材料）

排骨（豚スペアリブ。小ぶりのものが理想）……500g

白胡麻……適量

下味

塩……ひとつまみ

紹興酒……大さじ1

片栗粉……適量

甘酢ダレ

黒酢……大さじ2

醤油……大さじ2

砂糖……大さじ3

片栗粉……大さじ1

水……大さじ3

做法（手順）

1 下準備をする

排骨を水に浸し、血と汚れを出す。30分ほど浸す間に、何度か水を換える。排骨の水気を拭いて、塩と紹興酒を揉み込む。

2 揚げる

揚げる直前に、排骨に片栗粉を厚めにまぶす。中華鍋にたっぷりの油（分量外）を入れ、170度に熱する。排骨を入れて3～4分揚げ、一度取り出す。油を180～190度にして再度排骨を入れ、カリッと揚げて取り出す。

3 仕上げる

中華鍋の油をよそへ移し、一度洗う。黒酢・醤油・砂糖・片栗粉・水をよく混ぜて中華鍋に入れ、弱中火にかけ、始終かき混ぜ続ける。しっかりとろみがついたら、排骨をからめ合わせて、白胡麻を散らす。

温馨提示
（アドバイス）

出来立てを食べてもいいが、常温まで冷まして味が染みてから食べると、一層美味しい。

- **排骨の下準備は、前広に**——水に浸けると、排骨から徐々に血が出てくる。他の料理のように排骨を下茹でしないので、しっかり水に浸けて血を除くのが大事。
- **揚げるときは、あまりいじらない**——排骨同士や鍋肌にくっつくように見えるが、火が通ると個々のカタマリに剝がれるので、いじらずに見守る。
- **二度揚げは必ずする**——高温の油で二度揚げすると、衣から油が出ていき、カリッと仕上がる。
- **黒酢と砂糖はたっぷり！**——自分の常識の殻をぶち破って、大量に投じるのが成功の鍵（笑）。

02

西双版納傣族自治州

雲南省

第二章は、上海からおよそ二千キロメートルの距離を隔てた中国南西部へ舞台を移そう。雲南省の最南端に位置する西双版納傣《シーシュアンバンナーダイ》族自治州だ。

中国というより、東南アジアの香りがする街である。自治州の中央を貫くようにメコン川（瀾滄江）が流れている。州境はそのままラオス・ミャンマーとの国境となっており、タイもすぐそこだ。州内の人口は、傣族、哈尼《ハニ》族、拉祜《ラフ》族といった少数民族が七割以上を占める。この街では、漢族は少数派なのだ。

こうした多様な文化が交錯することで生まれた、素朴ながらも刺激的な調理法。亜熱帯の大自然が育む力強い食材。いわゆる中華料理のイメージとはかけ離れた料理が、この街にはある。しかも、その料理のひとつひとつが「食とは何か」「美味とはなにか」という根源的な問いを含んでいるようで、若い時分に西双版納を旅した僕は大きな衝撃を受けた。

そう、雲南省の省都・昆明を差し置いて、辺境の西双版納を舞台に選んだのは、完全に筆者の趣味である。かつてさだまさしは「あこがれの雲南」という歌で「はるかなる雲南　夢の西双版納」と歌ったが、僕にとって、西双版納は食の桃源郷なのだ。

そんな桃源郷からたった三つの料理を選ぶのは実に難事だったが、それだけに胸を張って発

表したい。但し、一帯一路政策の重要拠点のひとつとなった西双版納では急速に経済開発が進んでおり、それに伴い、食材は大量生産化され、料理も現代化する傾向にあるようだ。食べに行くなら早いに越したことはない、と言い添えておこう。

◉檸檬鶏（傣族のレモン鶏）――酸味・辛味・香りの三重奏

檸檬鶏《ニンモンジー》は、西双版納の少数民族の中で最大勢力を誇る傣族の料理だ。傣族料理の店ならば出さない店はないといわれる名物料理で、食べる前からこれは旨くて当然だと思わせるオーラを漂わせている。

料理名を直訳すれば「レモン鶏」になるが、この料理で使われるのは、タイで言うところのマナオ（タイライム）である。西双版納では、檸檬と言えばマナオを指すのだそうだ。しっとりと茹でた鶏を常温まで冷ましてから荒く割き、香草や生唐辛子を刻んで和え、マナオの果汁をたっぷり絞り入れる。香草は何種類も使われていて、ミント、青葱、大芫荽《ダーイエンスイ》（香菜に似た香草）、更に……正体不明の何か。恐らく、店によって色々な組み合わせがあるのだと思う。

鶏肉に薬味と汁気をたっぷりからめて、口に入れる。すると、様々な香草の香りと共に、マナオの爽やかな香りとまろやかな酸味が口の中に広がる。もぐもぐと鶏肉を噛むうちに、生唐辛子の激烈な辛味がじんわりと舌に伝わってくる。この辛味があって初めて、檸檬鶏の味わい

檸檬鶏

真っ黒な烏骨鶏で作った檸檬鶏。

が完成する。香りと酸味と辛味の全てが食欲を刺激して、箸が止まらなくなる。

味付けは至ってシンプルで、恐らくは塩だけだ。それでも物足りなさを全く感じないのは、鶏自体の旨さもあってのこと。しっとりとして、柔らかいけれども歯応えがあり、味が濃い。マナオや香草や生唐辛子といったクセのある面々に周囲を囲まれても、主役の座を譲らない。こういう旨い鶏があってこそ、成り立つ料理なのかもしれない。

合わせるべき酒は、自烤酒《ズーカオジウ》だ。この地域では、とうもろこしや穀物で作った蒸留酒のことを烤酒《カオジウ》（炙り酒。要は焼酎）と呼ぶ。頭の「自」は「自家製」という意味だ。

アルコール度数は五十度前後。単式蒸留なので雑味があるが、それが酒好きにとっては貴ぶべき風味になる。生唐辛子の辛味で燃え上がる舌でちびりと舐めると、酒の甘味が癒しとなり、思わず頰が緩むこと請け合いだ。

鶏肉があらかたなくなっても、まだお楽しみがある。傣族料理の店には必ず糯米飯《ヌオミーファン》（蒸したもち米）があり、これをひと口分ずつ手で取って、余った汁に浸して食べるのだ。すると、ただのもち米が酒の肴に化ける。延々と飲み続けているうちに腹もふくれ、〆の主食問題まで解決してしまうのだから、素晴らしい。

聞けば、近隣のタイ・ラオス・ミャンマーにも檸檬鶏に似た料理があるという。檸檬鶏に限らず、傣族の料理には東南アジアを想起させるものが多かった。それこそ蒸したもち米でタイのイサーン料理を連想した方も多いだろう。国を越えて、料理は繫がっている。国境なんて人

とある自烤酒の蒸留所にて。こういった単純な蒸留設備で作られている。

自烤酒。西双版納での食事は、この酒がないと始まらない。

糯米飯。腹にはたまるが、思わず食べてしまう。

糯米飯は手で食べる。何につけて食べても自由。これは川海苔をつけたところ。

香ばしく焼きあがった烤鶏。手で持ってガブリとやると、たまらなく旨い。

炭火で豪快に焼き上げる。立ち昇る香りがもう旨い。

間が後から引いたものに過ぎないということを舌で理解できるのが、西双版納だ。

余談になるが、西双版納の鶏は実に旨い。小種傣鶏《シャオジョンダイジー》と呼ばれる、小ぶりの地鶏を丸ごと焼き上げる烤鶏《カオジー》（焼き鳥）もお勧めしておきたい。炭火で焼いて塩を振っただけの鶏が異様に旨く、食材の力というものをひと口ごとに感じることができた。

食材に勝る調理なし。良い食材は手をかけなくても美味しい。圧倒的な食材の力を目の当たりにすると、あれこれ手を加えて見た目を華やかに仕上げた創作料理なんてものは、二流の食材しか入手できない都会のグルメごっこかもしれない、などと思ってしまうのだった。

◉牛肉苦胆湯（牛肉の激苦スープ）——苦味を楽しむ驚きの味覚

牛肉苦胆湯《ニウロウクーダンタン》も傣族の名物料理だ。彼らの言葉では、撒撇《サービエ》という。

茶色く、どろどろとして、何とも怪しげな見た目である。名前から、牛肉が入った苦いスープかなと推測はできる。実際、その推測は正解だ。しかし、いざ食べれば、ハンマーで頭をぶん殴られたかのような衝撃を受けることだろう。

何故って、とてつもない苦さなのだ。日本人が食べ物の苦さとして想像する苦さを遥かに超えて苦い。だから、他のものに例えようがない。本当に、ただ単純に、びっくりするほど苦いのである。しかも、苦さの由来がすさまじい。牛をさばく少し前に苦味のある草を与えておき、さばいた牛の胃液も腸液も消化中の草もそのままスープに用いるのが苦さの秘訣だ……などと聞くと、開いた口がふさがらないと言うか、人間の発想力に限りはないのだなあと感動を覚える。

更に驚くべきことに、このスープが旨いのである。口に入れた瞬間こそ強烈な苦味が広がるが、その苦みは、あるところでスッと消える。あれほど苦かったはずなのに、舌にも苦みが全く残らない。むしろ残るのは、さっぱり爽やかな清涼感なのだ。その清涼感と言ったら、他の料理の辛味や塩気や油っこさも含め、全てを一旦リセットするかのような鮮烈なもので、また一から食事を始められそうな気持ちにさえなる。

この感覚が実に不思議で、「ウホ、苦い!!」→「あれ……？　さっぱり!!」を繰り返すうちに、だんだん強烈な苦さがクセになってくる。苦さを楽しむ余裕が出てくると、スープに入っている牛肉の旨さに気付く。脂身が少ない赤身肉にはミチミチとした歯応えがあり、嚙めば嚙むほど旨味があふれ出てくるのだ。

この激苦スープをすすったあとでグイとあおる自烤酒は、甘味が一層際立って、最高に旨い。糯米飯を浸しても、同様だ。米の甘味が苦味との対比で鮮明になる。とりわけ素晴らしかったのは、牛肉苦胆湯に米線《ミーシエン》（雲南式ライスヌードル）を入れたものだ。食べれば食べるほどすっきりしてきて、お腹は一杯のはずなのに、いつまでも米線をたぐる箸が止まらなかった。

これほどの苦さを味覚の一つとして楽しんでいるところに、傣族の食文化の豊かさを感じる。強烈にして爽やかな苦さが、食事全体の中で素晴らしいアクセントを生み、西双版納の食卓を重層的にしている。

こんな不思議な料理が生まれた背景には、西双版納の気候も関係している。牛肉苦胆湯には、体内の暑気を払う効果があるとされているのだ。苦さのあとに得られる清涼感を一度体験すると、それが素直に信じられる。そもそもこれほど苦いスープが意外なほどすんなり身体に入っていくのは、身体がそれを欲しているからだろう。亜熱帯の西双版納において、このスープは清涼剤の役割も担っているのである。

その土地の風土と料理の間には密接な関係があり、その土地で食べなければ理解できない味がある。そのことが自然と腑に落ちた料理だ。

牛肉苦胆湯

他店の牛肉苦胆湯。辛そうな色だが、辛くはない。いや、少しは辛いのかもしれないが、苦さしか印象に残らない（笑）。

この肉は、黄牛という肉牛の一種。脂身が少なく歯応えが強いが、とても旨い。

米線入り。この不思議な旨さは体験しなければ分からない。

◉米線（雲南式ライスヌードル）――碗の中に広がる小宇宙

僕が西双版納で最も惚れ込んだのが、米線《ミーシエン》だ。滞在中は毎日食べた。今後、数ヶ月単位で長期滞在する機会があったとしても、毎日食べると思う。それほどに気に入っている。

米線とは、雲南省で食べられている、断面が丸型のライスヌードルである。現代では様々な製法があるが、簡単に言うと、米を挽いてから柔らかな餅のように成形したものを、ところてん式に熱湯の中へ押し出して茹で固め、麺状にしたものだ。生と乾燥があって、現地で一般的なのは生。西双版納に限らず、雲南省では広く食べられている。

西双版納の米線は、一見、地味極まりない。基本形は、澄んだ排骨湯《パイグータン》（豚骨ベースのスープ）に米線が沈み、炸醤《ジャージャン》（豚の肉味噌）と青葱が申し訳程度にのっただけのシンプルなものだ。そこに豚肉、牛肉、猪血《ジューシュエ》（豚の血プリン）、鴨血《ヤーシュエ》（アヒルの血プリン）といった具を追加することもできるが、それでも地味な印象は変わらない。

だが、これは完成形ではない。店の一角には必ず十数種類の薬味や調味料が並んだ台が用意されていて、全て客の入れたい放題になっている。そう、西双版納の米線は、客自身が様々な薬味をトッピングし、自分好みの味に仕立てて初めて完成するのだ。このカスタマイズの楽しさこそが、大きな魅力なのである。

トッピングの選択肢は、目を見張るほど豊富だ。塩、醤油、黒酢、豆豉、粉唐辛子、辣椒醤《ラージャオジャン》（発

西双版納の米線。これは星の数ほどある完成形のひとつでしかない。

西双版納の米線の基本形。専門店で単に「米線」と告げれば、これが出てくる。

米線のトッピング。どれを入れようか。目移りしてしまう。

店によって、トッピングの数や内容は異なる。

酵唐辛子ペースト）などの各種調味料の他、大根の漬物、唐辛子の漬物、トマトの漬物、高菜に似た古漬け、唐辛子と和えた白菜やキャベツの漬物、茹でたもやしとニラ、香菜や青葱や各種香草を刻んだもの、ドクダミの地下茎の黒酢漬け、酸味のある謎のタレなど、目移りして仕方がない。これらを心の赴くままに足していく。

欲張って全種類のせるもよし、敢えて一、二種類に絞るもよし。ルールなんてないが、慣れないうちは、周りの客のチョイスを観察するのもひとつの手だ。では、ここで様々なカスタマイズ例（次頁）をご覧頂きたい。

どうです、どれも旨そうでしょう。ふふふ、実際はその想像の百倍旨いのだ。さあ、いただきます！

真っ白な米線をずずっとすする。米線にからんだ肉味噌や薬味も一緒に頬張る。ちゅるり、プリプリ、ミチミチ、シャキッ。まずは、様々な食感が軽快な流れを生む。そこに香草や漬物の香りがぶわんぶわんと加わり、流れは奔流となる。さらに肉味噌の香ばしさ、漬物の酸味、唐辛子の辛味やその他諸々の旨味が広がって、大きな渦となる。一杯の碗が、口の中で食感と香りと旨味の小宇宙に変貌していく。

全てが渾然一体になったかのようで、だが意外にも、薬味ごとの特徴がはっきり感じ取れる。味の要素は無数にあるのにしつこさは微塵もなく、むしろ後味は爽やかですらある。ここに西双版納の米線の凄味がある。

辣椒醬や辛味肉味噌の辛味を効かせて、青菜の古漬けでコクをプラス。シンプルだが刺激的なあつらえに。

鴨血（アヒルの血プリン）の存在感を前面に押し出し、薬味はニラともやしと香草に絞った。

思うに、スープも具も薬味も、完成形を見越して味付けが為されている。スープは、塩味すらあるかなきかのようなあっさり味だ。醤油味の肉味噌だって驚くほど薄味だし、各種漬物も手間暇かけて発酵させた手作りの味がする。

ここでは、現代にありがちなお手軽で過剰な味付けの出番はない。だからこそ、様々な要素を重ね合わせても、しつこくならない。それぞれの要素がそれぞれの持ち場で華やかに活きるのだ。

その日の気分で具や薬味の組み合わせを変えられるので飽きようがないし、肉と米だけでなく野菜もあれこれ採れるので栄養バランスもいい。それより何より、とにかく旨い。これぞ理想の麺料理だ。僕が滞在中毎日食べていたというのにも、ご納得頂けるだろう。

ニラともやしをたっぷり入れ、大根の漬物と青菜の辛味漬けを配してみた。

ニラともやしに各種香草を加え、トマトの漬物と大根の漬物に酸っぱい汁も加えて、酸味を強調してみた。

実を言うと、この米線、ライスヌードルとスープにもバリエーションがある。

ライスヌードルは、基本の米線のほか、米干《ミーガン》（きしめん状）と餌絲《アルスー》（細い長方形で歯応えがある）が定番。どちらも米の液を蒸して板状にしたものを細く切って作るので、切る幅によって更に細かく分類することもある。

スープは、豆漿《ドウジャン》（豆湯《ドウタン》）と花生湯《ホアシェンタン》が面白かった。前者はえんどう豆、後者はピーナッツを挽いたもので、いずれもドロドロしている。動物性のダシが全く入っていない液体を麺類のスープに仕立ててしまう発想に驚いたが、これがまた香りもコクも十分で旨いものだから、もう一度驚いてしまった。

これらを組み合わせるので、選択肢はさらに豊富で複雑になる。短い旅行で全ての味を制覇することなどとても無理で、毎食何を頼

目に留まったトッピングを全部のせ。色々な味が混じり合うのを楽しむコンセプトだ。

具は牛バラ肉。青菜の辛味漬け、唐辛子粉、酸っぱ辛い汁を入れてスパイシーに。

きしめん状の米干。米の液を蒸して板状にし、包丁で細く切ったものだ。

更に幅広なものは、寛米干と呼ばれる。他にも、麺が「生か乾燥か」などで選択肢は分岐していく。

薄ピンク色のスープは、ピーナッツを挽いた花生湯。香り高く、穏やかなコクが魅力だ。

豆漿（豆湯）は、「えんどう豆のスープ」。豆の風味が豊かだ。動物性のダシがなくとも、満足感は高い。

街角の米線店。
「どの具を入れる?」と
聞かれて選び切れず、
「全部！」と答えた（笑）。

んで何を組み合わせるか悩むことになったのだが、これこそ嬉しい悲鳴というやつではないだろうか。

ひと口目のインパクトを狙い、旨味に旨味を重ねて「濃厚な味わい！」と喜ぶのが現代の嗜好だとするならば、それとは真逆の哲学が西双版納の米線の味を支えていたように思う。あの味がこれからもあの街に存在し続けますように、と祈っている。

column 1

中国 食べ歩きの羅針盤

北京で語学留学をしていた二〇〇〇年代のこと。夏休みに一か月ほどかけて、連れ（今の妻です）と雲南省と貴州省を食べ歩いたことがある。

その旅で最も印象に残っている土地が、雲南省北西部の沙渓《シャーシー》だ。かつて雲南とチベットを結ぶ交易路・茶馬古道の宿場町として栄えた、白族《ペー》の村である。

この村は、「三房一照壁」と呼ばれる白族特有の古建築（中庭の三方を住居で取り囲み、残りの一方に照壁という白い壁を建てる）が今も村民の住居や客桟《カァジャン》（民宿）として使われていることで知られていて、僕らはその客桟に泊まってみたくて村を訪ねた。

美しい村だった。時は夏、村の周囲の田んぼには青々とした稲が伸びていて、まるで緑の絨毯が敷かれているかのようだった。川の水は驚くほど清らかで、その川にかかった橋をたくさんの牛が次々と渡ってくる。

交通の便が今ほど良くなかった当時、有名観光地である大理や麗江からさらにマイクロバスを乗り継いで4時間ほど砂利道を走るような場所だったからか、村内には

外国人はもちろん、中国人観光客の姿すらまばらだった。

村内の道路は観光化に向けて舗装され始めていたが、お目当ての古建築は往時の雰囲気そのままだった。この頃、中国各地で急速に進められていた観光化によって、古くからの文化財がテカテカのペンキで塗りたくられた様子を何度も目にしていた僕は、「この村は間に合った……」と昔ながらの様子を目に焼き付け、安堵と満足のため息をついたものである。

さて、今宵の宿を決めねばならない。スマホで農村の宿泊情報を仕入れることなどできない時代だったので、こういう村では自分たちの勘だけが頼りである。僕らは村内を歩き回り、一軒の客桟に目を付けた。

照壁の脇を抜けて中に入ると、よく手入れされた中庭が広がっていて、建物の軒下では白族の民族衣装を着たおばあちゃんが、山盛りのキノコが入った籠の前でそのキノコの石づきを削る作業をしていた。何のキノコだろうと思って尋ねると、なんと松茸だと言うではないか。近くの山でいくらでも採れるらしい。

「あなたたち日本人は松茸が大好きよね。日本では大きい方が好まれるみたいだけど、松茸は小さい方が味も香りもいいのよ」と、おばあちゃん。驚く僕らを見たおばあちゃんは「食べたら分かるわよ。夕食に出してあげるから」と腰を上げ、嬉しいけれど値段を気にする僕らに向かって「大丈夫！　心配しないで」と声をかけて、厨房へ向かった。

やがて運ばれてきたのは、山盛りの松茸と葱をサッと炒め合わせたもの。料理名などないと言われたが、適当に名付けるなら爆炒松茸《バオチャオソンロン》だろうか。

「一体これ、何本分の松茸が入っているんだろう……」

「日本ではもったいなくて出来ない調理法だよね……」

そんなことを言いながらも、僕と連れの視線は皿に釘付けだった。ぶわぶわと立ち昇るのは、まさしく松茸のあの香り。二人揃って思いっ切り深呼吸したあとは、勢いよく箸を手に取った。

食べてびっくり、これがもうめちゃめちゃ旨かった。最初は松茸を炒めちゃうなんてどういうことだと思ったが、炒めることで松茸の香りを引き出し、食感を高める以外、余計なことを何もしていない。これぞ素材を活かした料理だ。しかも、お値段はたったの十五元（当時で約二百二十円）。キノコ天国の雲南とはいえ、破格の値

段だった。

　松茸に続いて運ばれてきた料理にも、心を奪われた。これらも決まった料理名はないが、粉吹き芋風のじゃが芋に花椒《ホアジャオ》と辣椒油《ラージャオヨウ》を和えた冷菜、名前不詳のキノコの薄切りと蒸した茄子を和えた冷菜、自家製の臘肉《ラーロウ》（中華ベーコン）と韮の炒めもの、これまた名前不詳のキノコと葱の炒めものなど、どれも単純な料理なのに、素材の力が強いのか、やたらと旨い。僕らは夢中になって舌鼓を打った。

　厨房を覗いたところ、おばあちゃんは全ての所作が手早くて無駄がなく、使う調味料は最小限。巷の中華料理に付きもののあの調味料は、厨房に置いてすらいなかった。こういう人を見つけた時、僕らの決断は早い。即座にこの客桟に連泊することを決めた。

　今思い返しても素晴らしかったのが、朝食に出してくれた米線《ミーシエン》（雲南式ライスヌードル）だ。透明なスープに米線が沈み、少し辛めに煮込まれた鶏肉がのっていた。澄み切った旨味のスープ。歯応えの良い鶏肉。そこらを元気に走り回っていた鶏をスープの出汁と具にしているのだから、旨いに決まっているのであった。

　松茸と豚肉の炒めものも、忘れられない美味だ。香りと旨味の暴風雨に、ただただ翻弄された。紫がかった豆の塩炒めは、塩加減や火の通し方が完璧で、ほっこりとした豆の甘味を見事に活かしている。蕗と韮の炒め煮

は、スープの旨味がしっかり蕗に染み込みつつも、食感はあくまで瑞々しい。雲南でよく食べる鶏㙡菌《ジーソンジュン》（カラカサタケの仲間）と唐辛子の炒めものは、シャキッとした仕上がりが最高だった。

地元で採れる山の幸を過不足ない調理で仕上げた料理の数々は、どれも飾り気がなく、実質的であり、温かかった。それは、高級食材やインパクト重視の味付けを売りにしがちな都会や観光地のレストランの料理とは対極を成していて、僕の心に鮮烈な印象を残した。

「僕が求めているのは、こういう中華料理なのではないか……」

天啓を受けたような気がして、僕はその後、同じ感動を求めて中国各地の農村を食べ歩くようになった。また、少数民族の食文化を探求するようになったのも、この時の経験が切っ掛けだ。

ひとつの出会いが、人生に道しるべを与えることがある。今日もまたあの客桟で、おばあちゃんが元気に料理の腕を振るっていることを祈っている。

03

広州市

広東省

第三章では、僕がかつて四年ほど暮らした広州《グアンジョウ》市を採り上げる。広東省の省都であり、つまりは世界に名だたる広東料理の本拠地である。「食在広州（食は広州に在り）」のキャッチフレーズは、日本でもよく知られていることと思う。その看板に偽りはなく、この街の食は「多彩さ」にあふれている。「四本足は机以外、二本足は両親以外、飛ぶものは飛行機以外、海のものは潜水艦以外なんでも食べる」などという俗語があるように、料理に用いる食材の豊富さは、他地域の追随を許さない。

元々、この土地には南方の温順な風土がもたらす豊かな山海の幸がある。それに加えて、昔から海外交易の拠点として栄えてきた商都であることが、料理に時間と金を惜しみなく費やす文化を生み、新たな食材や調理法を採り入れることをいとわない積極性と柔軟性をはぐくんだ。中華料理の中で、広東料理ほど新たな創作料理が続々と生み出される料理体系もない。

だが、僕としては、その中でも時の試練に耐えて生き残っている伝統料理にこそ、スポットを当てたい。広州という街は、中国有数の大都市でありながら、良い意味での古めかしさが今も残っている。オシャレな最先端の創作料理よりは、古くから愛される伝統料理が似合う街だと思うのだ。

そう考えて、どの料理を採り上げるべきかあれこれ悩んでみたのだが、正直に結論を言おう。無理。三つだけ選ぶなんて、絶対無理。だって広東料理は「多彩さ」がウリなんだもの。「僕が食べたいもの」という身勝手な基準ですら、様々な料理が同列に並んでしまって、全く絞り切れなかった。

ということで、第三章にして早速のルール違反にはなるが、今回は広州に行ったら是非とも体験したい「食のテーマ」を三つ選んでみた。言い換えると、僕が広州生活を思い出して「あれは幸せだったなあ」と思ったもの三選である。

◉煲湯（とろ火煮込みスープ）――二時間煮込まなければ、ただの水

広州生活を始めてまず驚かされたのは、広州人の湯《タン》（スープ）に対するこだわりだ。周りの広州人に「お勧めの広東料理は？」と尋ねると、かなりの高確率で「湯！」と即答されたのである。彼らに言わせると、「一日一回は必ずスープを飲む。飲まないと落ち着かない」「何杯飲んでも飽きない。毎食スープと野菜とご飯さえあれば十分」「広東料理でスープを頼まないなんて、話にならない」……と、何だかスゴイ意気込みなのだ。

その意気込みが、飲む順序にも表れているのが面白い。中国の他地域では、スープは食事の最後の方に供されることが多いが、広州では食事の最初にスープを飲むのが決まり。「最初に

スープを飲んで、腹を落ち着けるのさ。そうすれば、食べ過ぎることもない。それに、空腹時はスープの栄養を一番良く吸収できるからな」というのが、その理由だ。

そんな広州人は、他地域のスープにはえらく手厳しい。「北京や上海にスープと呼べるものは存在しないね」「広州じゃ、最低二時間は煮込まなきゃスープじゃないから」「そう、だから他地域のスープは『水』と一緒だな」。こんな調子で皆が皆、「広東のスープでなければスープにあらず」的な原理主義者ばかりだったのである。

では、彼らがそれほどまでに誇りを持つのは、一体どんなスープなのだろうか。それは煲湯《バオタン》、或いは老火湯《ラオフオタン》と呼ばれる。

一杯のスープの中に小宇宙がある。それが、老火湯。

煲湯（バオタン）は大きな背高の片手付き土鍋で煮込む。蓋には小さな穴が一つあり、蒸気が抜けるようになっている。

燉湯（ドゥンタン）は、一人用の小さな容器で供されることが多い。これを更に大きな鍋の中に入れて蒸し上げる。

調理方法は実にシンプルだ。水と具を専用の土鍋に入れて蓋をして強火にかけ、沸騰したら極弱火にして煮込むだけ。味付けも基本的に塩だけで、できあがりの直前に入れてかき混ぜるだけ。このシンプルさが、食材の旨味を十分に引き出し、膨らませるのである。

また、燉湯《ドゥンタン》というスープもある。こちらは、水と具を入れた容器に蓋をして、容器ごと茶碗蒸しのように蒸して加熱する。この方が、香りが良く澄んだ味わいのスープになるとされるが、手間も時間もかかるので、日常的に親しまれているのは、煲湯の方だ。

これらのスープにおいて、広東料理ならではの「多彩さ」は、具に表れる。ほとんどのスープは、ダシのベースとなる肉類に何種類もの乾物を組み合わせることで構成される。更に、蓮根、人参、クレソン、トウモロコシ、各種瓜類といった野菜を加えたりもする。

ベースの肉類は、豚、鶏、牛、あひる、鴨、鳩、うずら、烏骨鶏《うこっけい》あたりが定番。他にも羊、鹿、魚介類、爬虫類、両生類……と、おおよそ皆さんが思いつく動物全てが材料になり得ると思ってもらっていい。もちろん哺乳類に関しては、足やしっぽやモツや脳みそなど、様々な部位を用いる。

乾物は、さらに多彩だ。様々なキノコや魚介類の乾物。白菜干《バイツァイガン》（乾燥パクチョイ）や淮山《ホアイシャン》（乾燥長芋）といった干し野菜。大豆やピーナッツ、緑豆やハト麦といった豆類・穀類。その他、紅棗、蜜棗、枸杞、百合、陳皮、玉竹、茯苓、黄芪、天麻、芡実、党参、桂圓、無花果（……以下、無限に続く）などなど、個別の翻訳や解説を放棄せざるを得ないほど、多種多様な乾物

とある燉湯（ドゥンタン）専門店の品書き。
なかなか刺激的な品揃えだが、敢えて翻訳はしない（笑）。

燉龍虎鳳。小文字でこっそり書いておくが、ヘビとネコと鶏のスープだ。

鯊魚骨花菇枸杞湯（サメ軟骨と花どんことクコのスープ）の材料。ひとつのスープにも、様々な乾物が使われる。

それこそ、中医学病院が経営しているスープ専門店もあった。器は欠けていても味は本格的な燉湯（ドゥンタン）。

党参鹿角膠燉水鴨。党参（トウジン）と鹿角膠（ロッカクキョウ）と鴨肉のスープ。滋陰壮陽（滋養強壮）の効果あり。

が用いられる。

　こんな調子なので、具の組み合わせパターンは星の数ほどにもなるが、それに一定のルールを与えているのが、中医学の理論だ。

　広州人は折々の季節や家族の健康状態を考慮して、適した効能が得られる具の組み合わせを選ぶ。そもそも煲湯に使われる乾物の多くが、漢方薬としても用いられるものだ。言わば、毎日薬膳スープを飲んでいるようなもので、広州人の生活には医食同源の思想が自然と根を張っている。

　では、広州で煲湯を楽しむにはどうすればいいだろう。それは広東料理店に行って「老火例湯《ラオフオリータン》（本日のスープ）」を頼むのが一番簡単だ。旬の食材を活かし、その季節の気候に適したスープが日替わりで用意されているので、初めての人でも、その日その時頼むべ

スープはスープだけで出され、具は別盛りで醤油ダレが添えられる。高級店の煲湯はこのスタイルが多い。

この日の老火例湯は、淡菜瓜煲老鴨。ムール貝の乾物と冬瓜とアヒルのスープで、白濁したスープは濃にして厚！

原只椰子竹絲鶏は、ココナッツを器にした燉湯。ココナッツジュースをそのまま煮込んだスープは、仄かに甘く、香りがいい。竹絲鶏は烏骨鶏の別名だ。

煮込んだあとの具は湯渣（タンジャー）と呼ばれる。これは、鶏の足と豚すね肉とピーナッツと何種類かの穀物。

冬瓜を器にした冬瓜盅も、燉湯の一種。見かけ倒しではなく、澄んだスープとそれを吸った柔らかな冬瓜がとてもおいしい。

きスープにありつける。或いは、街角には煲湯や燉湯の専門店もあるので、ローカル店好きの人は探してみよう。

面白いことに、煲湯の場合、店によっては器に具を入れずにスープだけを供することがある。長時間煮込むことで具の旨味は全てスープに抽出されているので、スープだけを味わえばよいという理屈だ。その場合、具は捨てられるわけではなく、別途平皿に盛られて供される。これは「ちゃんと品書き通りの具を使っていますよ」という店から客へのアピールでもあるが、添えられた醬油ダレをつけて食べてもいい。しかし、いざ食べてみれば、店側の理屈を舌で理解できるはずだ。つまりは、旨味が出切っていて、あまりおいしくない（笑）。

思うに、煲湯には、広州という街が長い時をかけて積み上げてきた歴史と文化の精髄が溶け込んでいる。口当たりはあっさりなのに、深々とした味わいがじんわりと身体の隅々まで染み渡っていくかのような感覚は、このスープならではのものだ。広州人が傲慢なほどの自信を持っていることにも納得。この街を訪れたら、必ず味わっておくべき美味である。

◉焼味（ロースト料理）——ハレもケも彩る魅惑の焼き色

煲湯に続いて、広州に行ったら必ず味わってほしいもの、それは焼味《シャオウェイ》だ。

焼味は、下味をつけた肉類をあぶり焼きにした料理の総称で、叉焼《チャーシャオ》（チャーシュー）、焼肉《シャオロウ》（豚三枚肉のロースト）、焼乳鴿《シャオルーガー》（小鳩のロースト）、焼鴨《シャオヤー》（アヒルのロースト）、焼鵝《シャオアー》（ガチョウのロースト）、焼乳猪《シャオルージュー》（仔豚のロースト）あたりが代表選手。

こんがりと飴色に焼き上がった焼味は、見る者すべてを魅了する。焼きたて熱々ではなく、人肌程度まで冷ましたものを食べるのが一般的。パリッとした皮としっとりとした肉には実にわかりやすいおいしさがあり、王道のご馳走感に満ちあふれている。

しかし、広州人にとって、焼味はただのご馳走にとどまらない。確かに、宴会でも主役の一角を担うほどのご馳走ではある。広州で焼味が出てこない宴会など、おおよそ想像ができない。だが、それと同時に、日常生活でも毎日のように口にするほど身近な存在だ。

例えば、街角のローカル小吃店。ある時は、シンプルにご飯のお供に。ある時は、煲仔飯《バオザイファン》（炊き込みご飯）の具に。またある時は米粉《ミーフェン》や河粉《ハァフェン》といったライスヌードルの具に、と焼味は八面六臂の活躍を見せる。単体で供されるレストランの焼味とは違って、主食に華を添える恰好で登場する。

或いは、街のあちこちにある焼味舗《シャオウェイプー》（焼味の専門店）。どの店も通りに面した側がガラス張

宝石のように美しい氷焼三層肉（焼肉・豚三枚肉のロースト）。
サクサクの皮、甘い脂身、柔らかな肉。魅惑の三重奏だ。

りになっていて、客の目に見えるように、焼き上げたアヒルやガチョウをぶら下げている。焼味はどれも量り売りで、「一斤（五百グラム）ちょうだい！」という客の注文に応えて、店員が焼味を中華包丁でガンガン叩き切ってさっと包み、客に手渡す……というのが、広州の日常的な光景だ。

広東には「斬料《ジャンリャオ》（広東語ではザムリウ）」という言葉がある。直訳すれば、「材料を斬る」ということだが、これが転じて、「焼味鋪で焼味を買って、おかずの足しにする」という意味になっているのだから、おもしろい。中華包丁で焼味を叩き切る様子から想起された言葉であろうが、広州人にとって、焼味鋪で焼味を買うことが如何に普遍的なことかが、この一語からもわかる。

ハレの日もケの日も食べるもの。日常に根

付いた料理なのに、いざという時のご馳走感を失っていないもの。不思議な存在だと思うが、誤解を恐れずに言うなら、焼味は日本人にとっての刺身のようなものかもしれない。尚、安価なローカル小吃店や焼味鋪の焼味も美味しいものだが、ちゃんとした広東料理店で食べると、材料の質・調理技術ともに一段上のものに出合える。どちらも食べ比べて、その差を実感してみてほしい。

余談になるが、上述の焼味鋪は、焼臘店《シャオラーディエン》と呼ばれることも多い。焼味だけでなく、臘味《ラーウェイ》（塩や醤油に漬けた肉類を干したもの）も扱うからだ。

焼味の代表選手・蜜汁叉焼（チャーシュー）。甘く味付けられた肉に焼くことで香ばしさが加わり、噛めば噛むほど旨い。

化皮乳猪（焼乳猪・仔豚のロースト）。サクサクの皮と甘い脂身が魅力。砂糖を付けて食べるとまるでお菓子のようでもある。

吊焼乳鴿（小鳩のロースト）。肉の香りが強く、しっかりした味の小鳩は、この調理法との相性が抜群だ。

ローカル店の叉焼煲仔飯。薄切りにした叉焼（チャーシュー）がたっぷりのった土鍋炊き込みご飯だ。

焼鵝（ガチョウのロースト）がドドンとのった焼鵝瀬粉。瀬粉は円柱型ライスヌードルで、ツルプルムニンとしている。

注文を受けて、焼鴨（アヒルのロースト）を叩き切る店員。こんなに立派なものを気軽に持ち帰れる文化。なんて素晴らしい。

広州在住時に利用していた近所の焼味舗。夕方の数時間だけで全ての商品を売り切るほどの人気だった。

熱い油を何度もかけ回して皮目をパリパリに仕上げる脆皮鶏。ジューシーな肉との対比が見事。

家に持ち帰ってご飯の横に並べるだけで、焼鴨飯のできあがり！

焼味ではないが、僕のイチオシは白切鶏（茹で鶏）。シンプルだけにごまかしの利かない料理で、鶏肉の質がものを言う。

それに加えて、滷味《ルーウェイ》（下茹でした肉類を滷汁《ルージー》という漬け汁に浸したもの）とか白切鶏《バイチェジー》（ゆで鶏）とか豉油鶏《チィヨウジー》（鶏の醤油煮）とか、作り置きの肉類があれこれ揃っているのが最近の焼味舗である。これらもまた、焼味に負けず劣らずの美味であり、ローカル小吃店やレストランでも食べることができるので、是非お試しあれ。

焼味にテーマを絞って書き始めたはずなのに、思わず他の料理にも言及してしまった。広州には、それだけ旨いものがあふれているのである。

◉早茶（朝の飲茶）——広州生活の幸福、ここにあり

広東省は、言わずと知れた飲茶の本場だ。当然、広東省の省都である広州には、飲茶の習慣が深く根付いている。ある程度大きな広東料理店ならば、朝から昼過ぎにかけては、茶楼として営業しているところがほとんどだ。

僕が広州生活の幸せを何よりも感じたのは、早茶《ザオチャー》の時間だ。朝早い時間の飲茶だから、早茶。これが午後なら下午茶《シアウーチャー》で、夜なら夜茶《イエチャー》になるのだが、広州では「飲茶＝早茶」と言っていいほどで、広州ならではの飲茶の雰囲気を味わうには、早茶をおいてほかにない。

飲茶文化は広州の華。

お気に入りのプーアル茶を持ち込んで、一服。まあ、それでも席料として茶代は取られるが、持ち込み自体は至って自由だ。

週末の茶楼には、朝から多くの広州市民が集まる。新聞に読みふける一人客がいる。遥か昔からの常連と思われる老夫婦がいる。小さな子供を連れた若いファミリー客もいる。大きな円卓を占めているのは、一族の集まりだろうか。三世代が揃って、大層にぎやかだ。

その中に混じって自分たちも席を確保し、まずは茶を頼む。広州の茶楼では普洱茶《プーアルチャー》、菊花茶《ジューホアチャー》、鉄観音《ティエグァンイン》、紅茶《ホンチャー》などが定番だが、好みの茶葉を持参して淹れてもらうのもアリだ。茶が用意されるのを待つ間に、品書きをゆっくりと吟味する。

蒸し物、揚げ物、焼き物、煮込み、甘味。種類ごとに分類された点心に加えて、麺や粥なども並ぶ。少ない店でも数十種類を超える点心のラインナップには、伝統点心と新作点心が入り交じっている。人気がない点心はすぐに姿を消し、また別の新作点心が現れる。創作と変化を好む広東料理の精神が、茶楼の品書きから見て取れる。

僕が好きな点心を挙げると、蝦餃《シアジャオ》（海老蒸し餃子）、腸粉《チャンフェン》（蒸しライスクレープ）、粉果《フェングオ》（もっちり五目蒸し餃子）、牛肉球《ニウロウチウ》（ふわふわ牛肉団子）、豉汁蒸鳳爪《チイジイジェンフェンジュア》（鶏の足の豆豉蒸し）、瑶柱蒸蘿蔔糕《ヤオジュウジェンルオボガオ》（蒸し大根餅）、咸水角《シエンシュイジャオ》（五目揚げ餅）、蜂巣香芋角《フェンチャオシャンユィジャオ》（サクサクタロイモ揚げ餃子）、腐皮巻《フーピージュエン》（五目湯葉巻き蒸し）、糯米鶏《ヌオミージー》（鶏おこわ）、干蒸焼売《ガンジェンシャオマイ》（シューマイ）、叉焼包《チャーシャオバオ》（チャーシューまん）、流沙包《リウシャーバオ》（カスタードまん）、馬拉糕《マーラーガオ》（中華風蒸しパン）あたり。僕は基本的に伝統点心びいきなので、どれもが定番の点心だ。

広州を代表する茶楼のひとつ・南園酒家。広々とした庭園の中に店はある。

窓際の席でゆったりと過ごす老夫婦。いい。

歴史と文化の厚みを感じさせる店内。

雑談でもしているうちに、やがて点心が運ばれてくる。まずは蝦餃にするか。いや春巻も旨そうだぞ。その美しい造型に目を細めてから、熱々を頬張る。旨い。広州では、真っ当な茶楼の点心は今も全て手作りだし、注文が入ってから点心を作り始めるのを売りにしているところも多い。できたての点心の味は格別だ。

点心の味の余韻が舌から消えかけた頃、茶をすする。酒徒などと名乗っている僕だが、飲茶のときは茶一筋だ。そもそも飲茶において、点心は脇役。主役の茶を引き立てるべく、おかず系の点心でも甘めに仕上げてあるので、茶が最も合うのだ。

日本茶と違って中国茶は煎が効くので、何度もお湯を足して、だらだらと飲み続ける。店員の方も心得たもので、お湯の追加を頼めばすぐ持ってきてくれるし、点心を食べ終えた客が茶だけで長居していても、嫌な顔一つしない。

これなのだ。飲茶と言うと多彩な点心ばかりが注目されがちだが、飲茶の真価は、のんびりお茶を飲みながら、ボーッと一人で考えごとをしたり、家族や友人と語らったりする時間にこそある。そのことが、広州では暗黙の了解として共有されているのだ。

このような飲茶の精神は「一盅両件《イージョンリャンジエン》」という言葉に象徴される。「一種の茶で二種の点心をつまむ」という意味であるが、つまりは、食べるのはそのくらいが適量で、あとは茶を飲みながらのんべんだらりと過ごすのが、飲茶の本来あるべき姿だということだ。

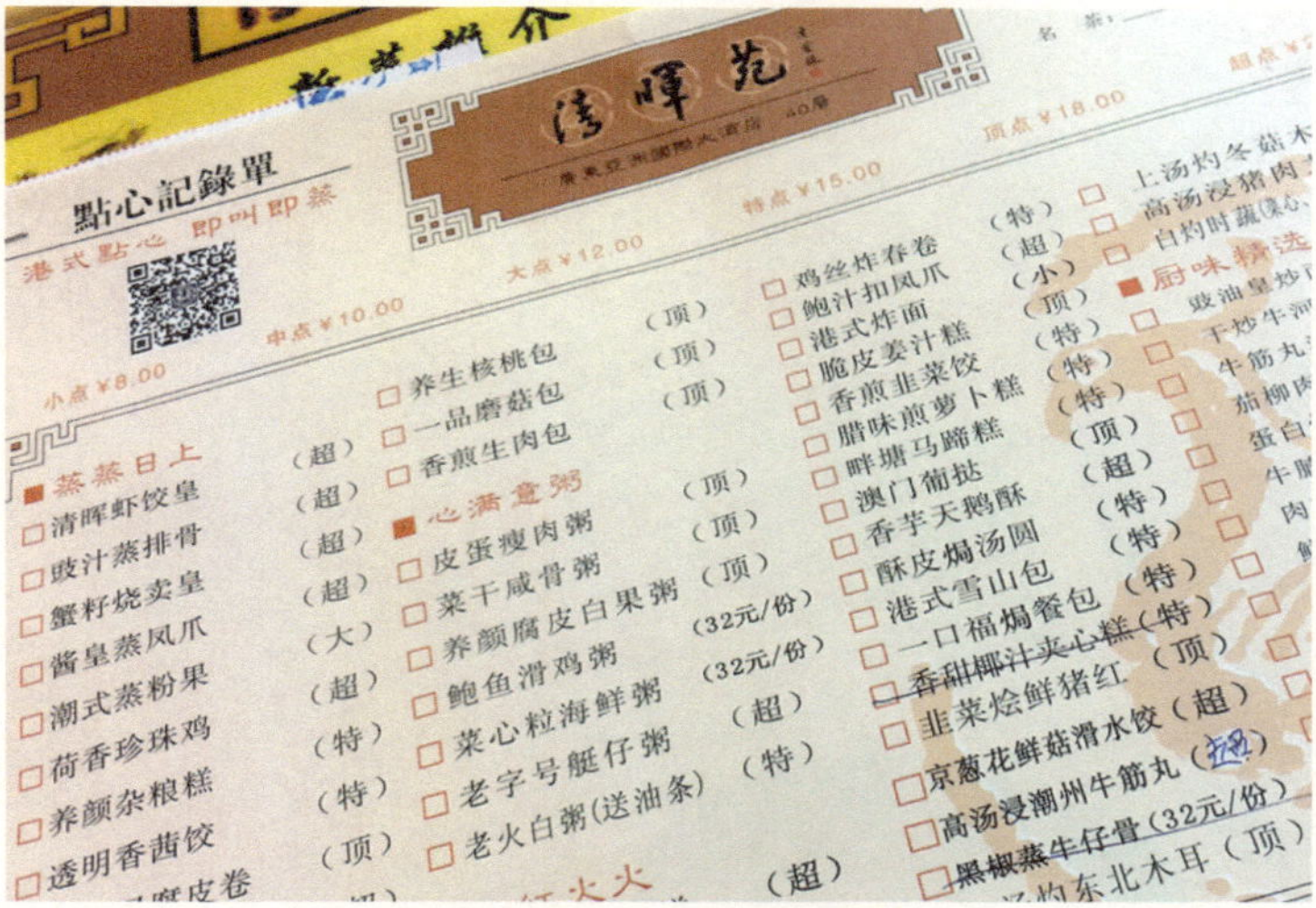

とある茶楼の品書き。何を頼もうか頭を悩ませるのも、飲茶の愉しみだ。

永遠の定番・蝦餃(海老蒸し餃子)。浮き粉でつくる透明の皮から海老の赤味が透けて、とても美しい。

めくるめく点心の世界。何を頼んでも、それぞれに喜びがある。

お気に入りの茶楼で「一盅両件」を気取る。あ、白灼生菜（ゆでレタス）も頼んだので「三件」か。

点心を食べ終えた後も、お湯を足してもらい、自分で茶を淹れて、延々と飲む。

朝の茶楼には、一盅両件をさらりとこなしている老人がたくさんいる。日本で言うなら、蕎麦屋の片隅で静かに昼酒を楽しんでいる老人と似ている。両者の共通点は、その身体から人生の熟練者としてのオーラが気負いなく放たれていることである。

もっとも忙しい現代社会において、朝から早茶を楽しめる人間は限られる。でもまあ、飲茶そのものの楽しさは、下午茶でも夜茶でも変わらない。僕が好きだったのは、取引先とのビジネスランチで下午茶へ行くことだ。ゆったりした雰囲気の中での商談は、自然と和やかになる。広州人はみな茶や点心に一家言持っており、それを聞きながらの飲茶はとても楽しかった。午後の茶楼には似たような客が多かったから、広州人にとっても、飲茶はよいビジネスツールなのだろう。

広州にいた四年間、何度茶楼へ出かけたことだろう。今思い返しても、幸せな日々だったと思う。

レシピ② 作って食べよう

広東料理

広東菜

煲湯 — 冬瓜排骨湯

（広東式煮込みスープ）（冬瓜と豚スペアリブのスープ）

用料（材料）

排骨（豚スペアリブ。ひと口大のもの）……500g
冬瓜……400～500g
生姜……2片
水……1200ml
塩……適量（小さじ1～お好みで）
醬油……適宜

做法（手順）

1 下茹でする

鍋に排骨とたっぷりの水を入れて強火にかけ、沸騰したら中火にしてアクを取る。数分茹でたらざるに上げ、流水でアクを洗い流す。

2 煮込む

煮込み鍋に排骨・生姜・分量の水を入れ、蓋をして強火にかけ、沸騰したら極弱火にし、90分煮込む。冬瓜の種とワタを取ってひと口大に切り、鍋に加えて、さらに30分以上煮込む。

3 仕上げる

塩で味を調え、鍋を卓上に運ぶ。スープはスープだけで味わい、旨味を出し切った具は別皿に盛り、醬油をつけて食べる（食べなくてもいい）。

温馨提示
（アドバイス）

煲湯のバリエーションは無限大。折々の食材を組み合わせて、一年中楽しもう。

・**煮込み時間はお好みで**――レシピ通りに煮込むと具の味はほぼ抜けるので、煮込み時間を短くして、スープと具の両方を楽しむのもあり。

・**基本を覚えて、応用しよう**――肉を下茹でしてから煮込む流れは、どの煲湯も大体同じ。以下の組み合わせもオススメだ。

◉**紅豆痩肉湯（小豆と豚肉のスープ）** 下茹でした豚赤身肉、小豆、生姜を120分以上煮込む。
◉**黄豆猪蹄湯（大豆と豚足のスープ）** 下茹でした豚足、水で一晩戻した大豆、生姜を120分以上煮込む。
◉**板栗鶏湯（栗と鶏肉のスープ）** 下茹でした骨付き鶏肉、むき栗、生姜を120分以上煮込む。
◉**胡蘿蔔牛肉湯（人参と牛肉のスープ）** 下茹でした牛スジ肉と生姜を90分煮込み、人参を加えて30分以上煮込む。

04 厦門市

福建省

第四章は、第三章の舞台・広東省から少し北に移動して、福建省南部の都市・厦門《シアメン》からお送りする。但し、日本では普通話《プートンホア》（標準語）の発音である「シアメン」より、当地の閩南話《ミンナンホア》の発音が基になった「アモイ」という呼称の方がよく知られていると思うので、本書でもアモイと記載することにする。

アモイは、台湾海峡に面した、海沿いの美しい街だ。古くから東南アジア貿易の拠点として栄え、多くの商人がこの街から海を渡った。海外で財を成した彼らは故郷へ錦を飾り、アモイの文化形成に大きな影響を与えた。また、アヘン戦争後に上海や広州などと共に対外開放され、列強の租界が設けられたことで、いち早く西洋の文化が流入した。旧市街に広がる騎楼老街《チーロウラオジエ》や、コロニアル様式の建物が建ち並ぶ鼓浪嶼《グーランユィ》（コロンス島）は、その名残である。気候は温暖、海鮮が豊富で、街をゆく人々には柔らかな雰囲気がある。海風の中に歴史が香るこの街のことを思い出すと、僕の心は弾む。

アモイは小吃《シャオチー》（軽食・おやつ）の種類が豊富なことでも知られており、小吃の食べ歩きはアモイ旅行の大きな楽しみのひとつだ。ローカル中華料理に興味はあるけれど、一人旅だとあれこれ食べられなくてつまらない。そう悩んで中国旅行を躊躇している人は多いかもしれない。

だが、小吃の食べ歩きならばその問題は解決できる。

そこで今回は、僕がアモイを訪れるたびに食べているお気に入りの小吃を三つ選んでみた。いずれも地元では定番中の定番で、アモイならではの風土と歴史が反映されている品々である。

◉海蛎煎（牡蠣爆弾）——路地裏で弾ける幸せの爆弾

真っ先に紹介したいのが、アモイ名物の海蛎煎《ハイリージエン》。ガイドブックでは「牡蠣オムレツ」や「牡蠣のお好み焼き」と訳されることが多いけれど、それでは口の中一杯に牡蠣の旨味が広がる幸福感が伝わらない気がして、僕は勝手に「牡蠣爆弾」と呼んでいる。

海鮮を売りにした屋台やレストランならばどこでも食べることができるが、やはり専門店で作る様子を間近に見てから食べるのが一番お勧めだ。

作り方はシンプルで、油を熱した平鍋に、珠蚝《ジューハオ》と呼ばれる小ぶりの牡蠣をどさっと投じ、牡蠣に焼き色が付いたら、地瓜粉《ディグアフェン》（タピオカ粉）を水で溶いた白い液を回しかける。

その中にはニラや青葱もたっぷり入っており、地瓜粉に火が通ると白い液が次第に透き通ってくる。そうしたら、卵だ。パカッと割り入れて全体に広げ、塩・胡椒を入れて手早く混ぜ合わせる。あとはくるりとひっくり返して反対側を焼けば、できあがりだ。

目の前に置かれた皿からは、ほわほわと湯気が立ち昇る。食べる前からこりゃ旨いよ、とい

海蛎煎（ハイリージエン）

人気店のご主人。
店頭で自ら海蛎煎を作る。

う確信が湧いてくる。できたてだから、火傷するほど熱々だ。それをハフハフ言いながら口に放り込み、歯を噛み合わせる。すると、新鮮な牡蠣のエキスが口一杯に弾ける。

小ぶりの牡蠣を使うからこその妙味があって、牡蠣の表皮が弾けるプチュッ、ジュワッという感覚が口の中で同時多発的に起こる。それぞれの牡蠣から旨味がブワンブワンあふれ出してくるのだから、たまらない。熱することでモチモチした食感に変わる地瓜粉が牡蠣の旨味をまとめあげ、卵がコクと甘味を加える。たっぷり入ったニラと青葱は、香りと食感に素晴らしいアクセントを刻んでくれる。

ポイントは、火の通し具合。半生よりもう少し火が通ったホワホワ、モニュモニュ、ジュワジュワした感じがベストで、歯を何度も噛み合わせて全ての旨味をしっかり堪能したあと、冷えたビールをぐいーっとやると……もう「最高」という言葉しか出てこない。

厳密に言えば、海蛎煎発祥の地はアモイの北東に位置する福建省泉州市だそうだが、今では福建省南部の沿岸一帯で親しまれている小吃だ。当地の方言・閩南話では、蚵仔煎《オアジェン》と呼ばれる。ここで、「あれ？　台湾にも同じものがある」と思った方もおられよう。その通り。福建省と台湾は目と鼻の先。ほぼ同じものが台湾にも伝わっているのである。

因みに、福建省南部から更に南に下った広東省北東部でもよく似たものが食べられているが、かの地では蠔烙《ハオラオ》と呼ばれている。どちらの歴史が古いのかという話をすると、福建人と広東人の間で血を見る争いが起きそうなので、ここでは踏み込まない（笑）。

これが珠蚝（ジューハオ）！　刺さっている小皿でガバッと取って、平鍋に投じられる。

珠蚝の上に、真っ白な地瓜粉がジュワーッと回しかけられた。

火が通ると、地瓜粉が透き通ってくる。

卵が入れば、完成は近い。

ドン！　牡蠣爆弾こと、海蛎煎のできあがり！　モニュモニュした地瓜粉やふわふわ卵も旨い。たまりませんなあ！

海蛎煎と春巻と冷えたビール。
完璧なトリオ！

これが春巻！

毎度のごとく余談を始めるが、海蛎煎の専門店によくあるサイドメニューで、ひとつお勧めしておきたいものがある。その名も、春巻《チュンジュエン》だ。

但し、この春巻は油で揚げず、薄く焼いた小麦粉の皮をそのまま使う。餡は、野菜たっぷりの五目炒めだ。注文が入ると、作り置きしてある餡を皮でちゃちゃっと包み、その上に海蛎煎と同じ赤い甘辛タレをペトッと塗って出してくれる。

野菜たっぷりの餡というのがポイントで、これと海蛎煎を一緒に頼むと、バランスの良い食事になるのだ。ホットドッグ並みの大きさがあるが、揚げないのでくどさがなく、ペロリと食べられる。尚、薄餅《バオビン》という名前で売っていることもあるので、お見逃しのないように。

海蛎煎の人気店には、様々な客がひっきりなしにやってくる。カップルあり、若者グループあり、家族連れあり、一人でビール瓶を傾けるおっさんあり。これに加えてテイクアウトの客も列を成していて、焼き場の主人は手を休めるヒマとてない。そんな状況を目にしながらも、僕は思わず言ってしまうのだ。

「お代わり！　海蛎煎もビールも春巻も、あとひとつずつ！」

すっかり満腹になって店を後にするとき、僕はいつも満足感でゆるみ切った顔をしているはずだ。

◉沙茶麺（サテ麺）――アモイの歴史が詰まったエキゾチックヌードル

アモイで麺と言ったら、何をおいても沙茶麺《シャーチャーミエン》。沙茶麺を食べずしてアモイに行ったとは言えない。そう言い切ってしまえるほど、沙茶麺はアモイ人の生活に根付いていて、街には専門店があふれている。

沙茶麺の説明をするには、話を東南アジアから始めねばならない。東南アジア各国にサテという料理がある。サテは「串焼き」という意味で、串に刺して焼いた肉にピーナッツベースの甘辛いサテソースをたっぷりつけるのが定番だ。これとそっくりのものがアモイにもあり、その名も沙茶烤肉串《シャーチャーカオロウチュアン》という。

沙茶は、閩南話では「サテ」と発音する。それを知った時は、「え⁉ 東南アジアのサテは福建の沙茶烤肉串が伝わったものだったのか！」と早合点しそうになったが、真実はその逆だ。その昔、東南アジアに渡った華人・華僑が、現地で知ったサテを故郷の広東や福建に持ち帰ったのである。

面白いのは、東南アジアのサテは「串焼き」という意味なのに、中国の沙茶は「サテソース」を意味する言葉に変化していることだ。上述の沙茶烤肉串の「烤肉串」は串焼きのことなので、「サテ（沙茶）＝串焼き」であれば「串焼き串焼き」になるはずだが、実際は「サテソースがかかった串焼き」を意味する。

本項の主役・沙茶麵も正にそう。その正体は「串焼き麵」ではなく、サテソースをスープにした麵料理だ。東南アジア貿易の拠点として栄えたアモイで、華僑が持ち帰ったサテソースが中国の麵文化と融合して生まれた麵料理、それが沙茶麵なのである。

尚、「茶」の字が含まれてはいるが、サテソースに茶葉が使われているわけではない。閩南話の発音でサテと読める字を当てたものだ。それでも数ある漢字の中から敢えて「茶」の字を選んだのは、お茶好きの福建人が「茶」の字を好んだからだという説もあるが、さてどうだろう。因みに、お隣の広東では広東語でサテと読める「沙嗲」の字を当てている。

さて、いよいよ沙茶麵の実態に迫ろう。見た目は日本風の担担麵に少し似ているが、味は全くの別物だ。豊かなピーナッツの香りの中に、辛いような甘いような不思議なコクが溶け合っ

東南アジア貿易の拠点として栄えたアモイの歴史が生んだ麺、それが沙茶麺だ。オリジナリティにあふれたスープは、クセになる旨さ。

豚ヒレ肉の串焼きにピーナッツベースのサテソースをたっぷりからめて食べる沙茶烤肉串。

たスープが衝撃的だ。一体これは何の味なのだろうと味見を繰り返すうちに止まらなくなり、スープはどんどん水位を下げていく。

その正体は、高湯《ガオタン》（肉・骨・魚介・野菜を煮込んだスープ）にサテソースを溶かし込んだものだ。だが、このサテソースが曲者で、東南アジアのものとは異なり、中国風に変化を遂げている。

例えば、干し海老、干し魚、蝦醤《シアジャン》（海老の発酵ペースト）、大蒜、葱、生姜、香菜、粉唐辛子の他、様々な香辛料を油で揚げてからペースト状にし、塩や氷砂糖も溶かし込んで、最後にピーナッツペーストを混ぜ合わせて作るのだ。

もっとも、この作り方は一例に過ぎない。スープの調合は店によって異なり、味もかなり違う。お気に入りの味を見つけるのも、沙茶麺を食べ歩く楽しみと言えるかもしれない。知人のアモイ人に聞いたところ、アモイ人はみな自分のご贔屓店を持っているそうだ。

尚、沙茶麺のスープにはレタスが入っていることが多く、スープの熱でクタッとしたレタスをトロトロのスープにからめて食べるのもまた旨い。火を通したレタスの美味しさは、もっと日本にも広まればいいのにと思っている。

複雑怪奇なスープとは対照的に、麺はシンプルだ。鹹水麺《シエンシュイミエン》と呼ばれるかんすいが入ったストレート麺で、コシはあまりなく、するすると胃に収まる。この麺の主役はスープだとわきまえたかのような大人しさだ。専門店では、あらかじめ茹でおきの麺が器に盛られていて、客の注文が入ったら上からスープを注いですぐに出せるよう準備されている。

沙茶麺の更なる魅力は、豊富なトッピングだ。専門店ともなれば二十種類以上のトッピングが用意されていて、客はみな何かしらを追加注文して食べている。

例を挙げると、豚ならば赤身肉、ハラミ、レバー、ハツ、ガツ、フワ、ヒモ、マメ、ダイチョウ、トンソクなどのほか、米血《ミーシュエ》（米を豚の血で固めたもの）なんてものもある。アヒルの肉、舌、脚、鴨血《ヤーシュエ》（血プリン）あたりも定番だ。海沿いの街だけあって、イカ、小海老、牡蠣、アゲマキガイ、丸子《ワンズ》（豚ひき肉餡が入った魚のつみれ）といった海鮮が美味しいのも嬉しい。個人的なお勧めは煎蛋《ジエンダン》（フライドエッグ）で、白身のへげへげの部分をスープに浸したり、半熟の黄身をスープに溶かしたりすると旨い。

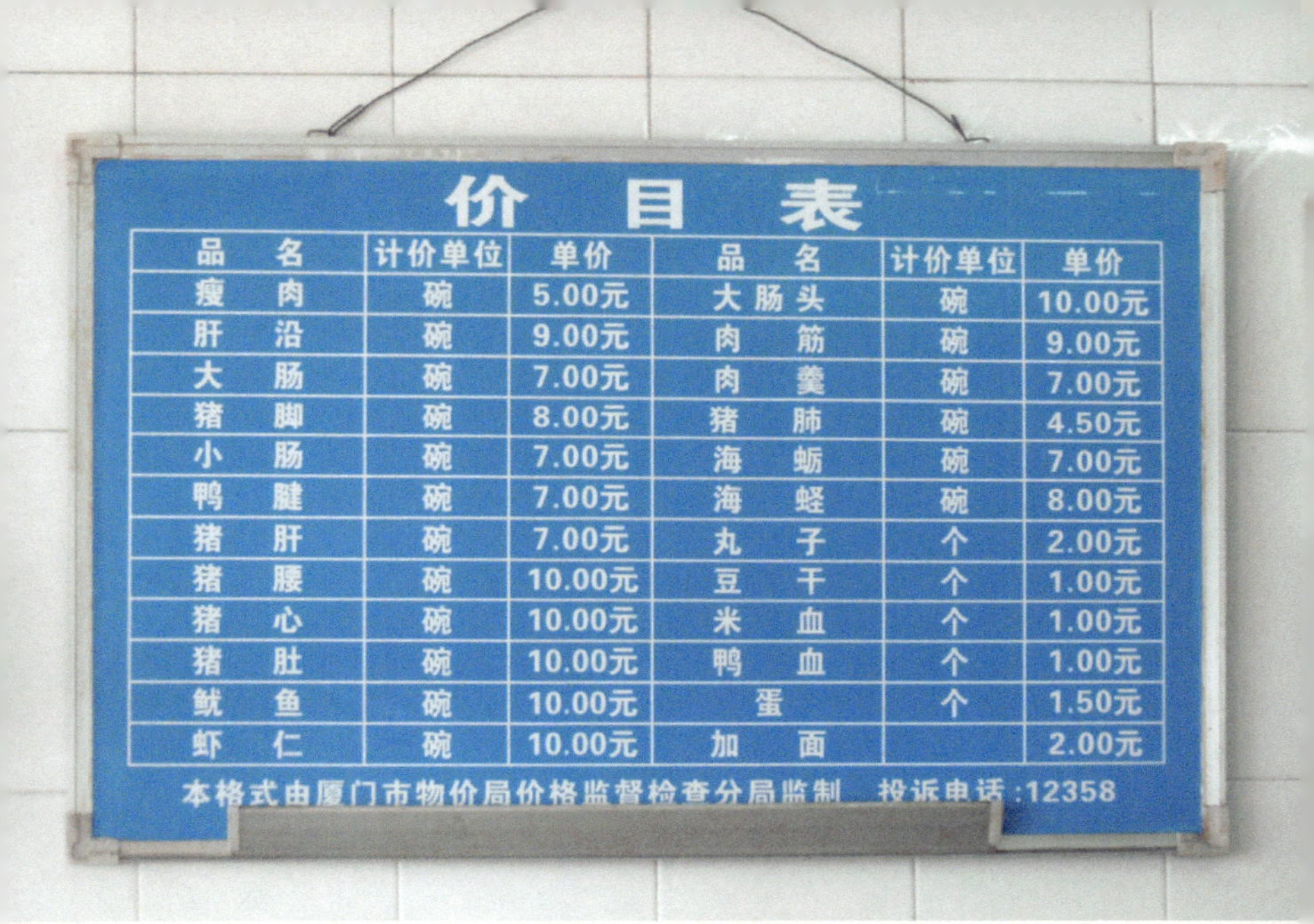

さあ、何を頼もう。毎日トッピングを変えていけるアモイ人がうらやましい。

カウンターに並ぶトッピング。注文を告げると、おばちゃんがちゃちゃっと器に放り込み、スープを注いで出してくれる。

カウンターに並べられた茹でおきの麺。コシは重要視されていない。主張のない麺が、逆にスープを活かしている。

イカと牡蠣と丸子（豚ひき肉餡が入った魚のつみれ）を入れた豪華版。

米血（米を豚の血で固めたもの）。ムチッとして美味しい。

お勧めの煎蛋（フライドエッグ）。※写真左上

鴨血（アヒルの血プリン）も、お気に入りのトッピングだ。

大いに悩んで何をトッピングするか決めたあとは、一心不乱に麺に向かうべし。中国広しといえどもアモイにしかないエキゾチックな味を存分に味わおう。そして、かつてこの地から大海原に繰り出し、功成り名遂げて帰ってきた福建商人たちのたくましい姿に思いを馳せるのもいいかもしれない。

◉土筍凍（土筍ゼリー）——我が愛しのサメハダホシムシ

すきすきすきすきすきっすきっ♪　土筍凍《トウスンドン》♪　……と、この小吃のことを考えると頭の中で「一休さん」のテーマが流れてくるくらい、僕は土筍凍が好きだ。アモイと言えば、土筍凍。土筍凍なくして、アモイなし。土筍凍、万歳！　土筍凍よ、永遠なれ！

のっけから変なテンションになってしまったが、僕だけの好みでは決してなく、土筍凍はアモイや泉州市で広く親しまれている小吃だ。

普通のレストランでも食べられるが、やはり専門店で食べるべきもので、人気店ともなればアモイ人が引きも切らずにやってくる。若いカップル、近所のおばちゃん、肉体労働者風の男性、学校帰りの学生、孫を連れた老婦人など客層は幅広く、高級車で店の前にバーンと乗り付けて、百個、二百個とテイクアウトしていく客までいる。

ひと言でいうなら、煮凝りだ。作り方は単純で、このあたりの海で採れる土筍《トウスン》という海鮮を刻んで煮て、冷ますだけ。冷めるにつれてゼラチン質たっぷりの煮汁が固まり、半透明の土筍凍（土筍ゼリー）が出来上がる。85頁の写真のように、一口サイズのドーム状に成型したものが一般的だ。

海の香りがギュッギュッと凝縮されたプルプルのゼリーは、驚くほど上品な旨味。醤油などの調味料が入らない分、日本の煮凝りより更にあっさりした味わいだ。そして、ゼリーの中にたっぷり入った土筍のぶつ切りがこれまた旨い。その歯応えは、ムチムチのプリンプリン。噛めば噛むほど、甘味が口の中全体に行き渡っていく。

そのまま食べても美味しい土筍凍を更に美味しくするのが、トッピングだ。芥末醤《ジエモージャン》（マスタード）、甜辣醤《ティエンラージャン》（スイートチリソース）、香菜、大根の甘酢漬けなどを好みでぶっかけて食べるのである。

こんなの余計じゃないの？　と最初は思ったものだが、トッピングの香り・辛味・酸味が上手い具合に土筍凍を引き立てる。それはつまり、こういうクセの強いトッピングを自由に暴れさせてもビクともしない旨味が、土筍凍には備わっているということでもある。

店によっては土筍凍のサイズを選べるところもあるが、僕のお勧めは小サイズだ。ひと口で食べられるので、みっしり詰まった土筍の食感を最も楽しめるように思う。

大きいのがよければ、土筍湯《トウスンタン》を試すといい。「湯」と言うからには土筍のスープかと思いきや、さにあらず。スープを取り分けるような碗に土筍凍が詰まっているのだ。言わば、土筍凍のキングスライムバージョン。僕が試した店ではトッピングが刻みにんにく醤油に変わり、一味違った風味が楽しめた。

さて、そろそろ皆さんの頭の中では「そもそも土筍って何なんだよ！」という疑問が渦巻いているのではないだろうか。

これが土笋凍。透けている白くて細長いのが土笋（トゥスン）だ。

このトッピングを考え出した人は、天才だと思う。

海鮮レストランでも食べられるが、
やはり専門店の土笋凍は格別。

お答えしよう。その正体はサメハダホシムシ。土筍は俗称で、中国語の正式名は可口革嚢星虫《クァコウグァナンシンチョン》。海底の砂地に棲む大きなミミズみたいな生物で、星口動物というそうだ。見た目に興味がある方は、「サメハダホシムシ」で画像検索して欲しい。

そして、「うげー、なんじゃこりゃ」と思った人にこそ、是非ともお勧めしたい。生きているときの姿が美しいとは言わないが、土筍凍になれば原形は留めていないし、いざ食べれば食感はプリプリブリンで旨味は上品。絶対に後悔しない美味しさだからだ。

人のみならず、食材だって見た目で判断してはいけない。ミミズのような土筍にこんなにも上品で綺麗な味が潜んでいるなんて、実際に食べてみねばわからぬことだ。一度こういう美味に出合うと、未知の食材を見て「気持ち悪い」とは思わなくなる。むしろ、こんな見た目なのに日常的に食べられているということは絶対に旨いのだろうなと、却って食指がピクピクと動くようになるものだ。

確かに、遥か昔、最初にサメハダホシムシを食べた人は結構な勇気の持ち主だと思う。それに比べて、現代人の僕らは既に安全で美味しいと評価されているものを食べるだけなのだから、目の前にあるハードルは足首より低いはずだ。そんなハードルは軽々と飛び越えて、この美味を楽しもう。

最後にもう一度。アモイと言えば、土筍凍。土筍凍なくして、アモイなし。土筍凍、万歳！土筍凍よ、永遠なれ！

キングスライム・土筍湯。

抵抗がある人は、タコやイカだと思って食べればいいのではないだろうか。

土筍凍の断面。土筍がぎっしり詰まっているからこそ、強い弾力が生まれる。

僕なんて、行くたびに毎回お代わりしてしまう。

column 2

密着！上海のお昼ご飯！

上海で暮らしていた二〇〇〇年代のこと。今思い返しても羨ましくて仕方がない生活を送っている友人がいた。当時、上海の旧フランス租界に住み、普洱《プーアル》茶専門の茶商を営んでいたふじもとさんだ。

　ふじもとさんは料理上手な安徽省出身のお手伝いさんを自分専属の「コックさん」として雇い、毎日近くの菜市場《ツァイシーチャン》（食料品市場）で旬の食材を仕入れては、自宅のキッチンで多種多彩な本格中華料理を作ってもらうという日々を送っていた。

毎回、用いる食材や味付けの方向性をコックさんと話し合い、調理過程をつぶさに観察し、食後は率直に感想を伝え、更なる高みを目指して探求を繰り返す。その様子がアップされるブログ「上海のお昼ご飯！」を、当時の僕は毎日涎を垂らしながら眺めていた。

　そのふじもとさんに誘われて、朝の仕入れに同行したことがある。早朝にお宅を訪ね、ふじもとさんが淹れてくれた年代物の普洱茶をすすってから、菜市場へ向かった。

　途中でコックさんと落ち合って向かった菜市場は、鰻の寝床のように細かったが、奥行きが三百メートルほどもあったので、かなり大規模な菜市場だ。朝八時過ぎだというのに、既に多くの買い物客で賑わっている。

「店によっては、この

時間で売り切れになるところもあります。今日の献立は大まかに決めていますが、食材を見て調整を加えます」と、ふじもとさん。その日の食材に合わせて献立を決める家庭料理の融通性とコックさんの優れた調理技術のハイブリッドが、「上海のお昼ご飯！」の贅沢さだった。

コックさんは、先頭を切って鰻の寝床の中へ入っていく。魚はここ、貝はここ、野菜はここ、と馴染みの店があるらしく、足取りに迷いがない。

最初に立ち寄った河鮮《ハァシエン》（川の魚介類）の専門店では、コックさんがタニシを手に取った。「お、今日はタニシ

料理ですか。どんな味付けに？」と早合点した僕に、ふじもとさんは「今日の料理じゃありません。タニシは泥を吐かせるのに数日かかるんです」と答えた。なるほど、良いものがあれば明日以降の食材も仕入れておくわけか。菜市場通いには、連続性・戦略性が必要なのだな。

お次は、十数種類の貝がずらりと並んだ貝の専門店。コックさんが、ひとつひとつ丁寧に紅蛤《ホンハー》（アケガイ）を

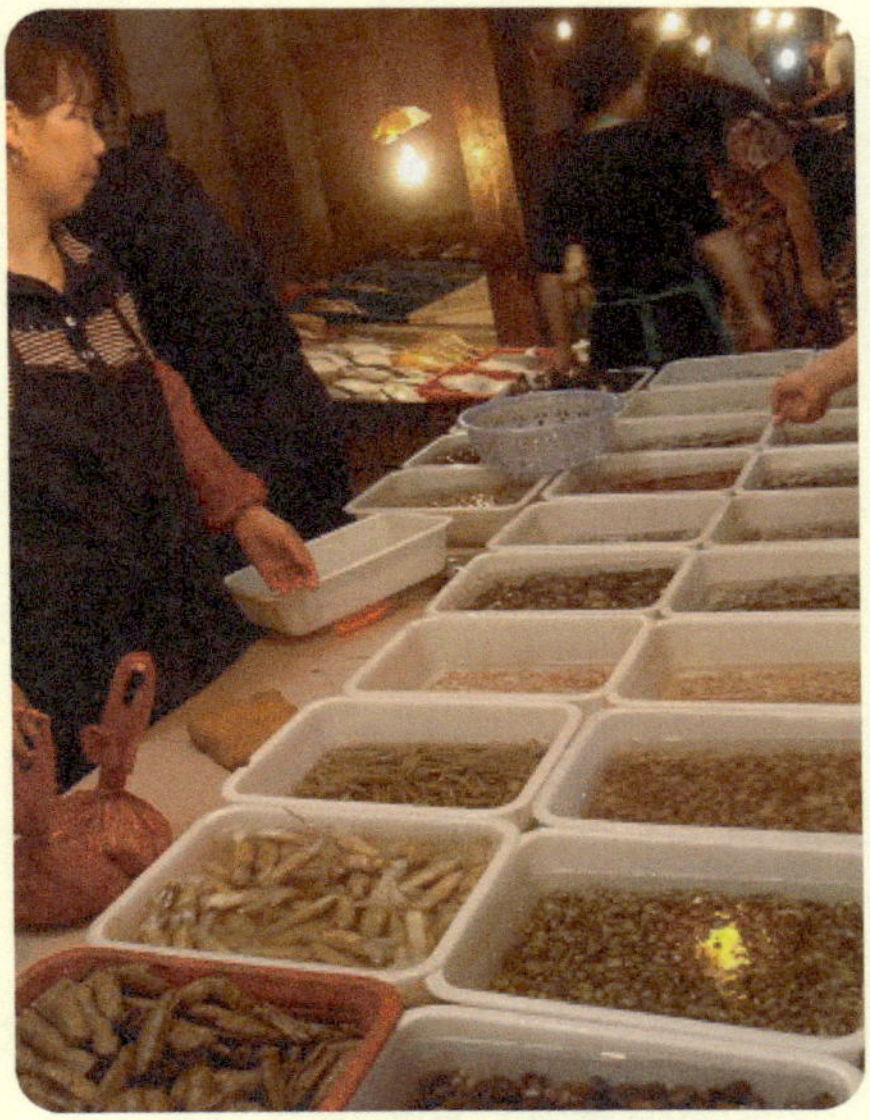

選んでいく。ふじもとさんはコックさんの目利きを信頼しているようで、細かいところには口を出さず、「うちのコックさんはどんな食材でも細かく選ぶので、よく店の人と喧嘩しています」と笑った。そういう真剣な態度を目にしていることに加えて、目利きの成功を毎日舌で実感しているからこその信頼だろう。

貝を仕入れたコックさんは、そのまま野菜エリアへ向かった。冬瓜、空心菜、香菜など、野菜ごとに買う店を変える。それは店ごとに得手不得手があるからでもあるが、もう一つ、隠された目的があった。上海の菜市場では、野菜を買うとオマケに青葱を数本くれる習慣があるのだが（それだけ青葱をよく使うのだ）、それを全ての店でねだっていたのだ。「いつもああやって葱をタダで仕入れています」と、ふじもとさん。コックさん、さすがである。

順調に仕入れは進んだが、メインの黄魚《ホアンユィ》（イシモチ。上海周辺では定番食材）を買う段になって問題が生じた。数日前から続いていた雨で漁が滞っているのか、新鮮な海魚が見当たらない。「いや、新鮮だよ」と店員は魚のエラを見せてきたが、僕の目にもそうは見えないも

のばかりだった。

「今日の黄魚はダメだ。代わりに黄鱔《ホアンシャン》（タウナギ）を使おう」と、ふじもとさんが断を下した。タウナギは上海周辺では身近な淡水魚で、この市場にはタウナギの専門店があった。タウナギの大きさごとに箱が分かれていて、たくさんのタウナギが中でにゅるにゅると動き回っている。

「頭が大きくて、尻尾に向かって細くなっていくやつがいい」と、コックさんが教えてくれた。店のお姉さんとあれこれ話しながら、大きくて活きがいいものを数匹選んでいく。

　選んだタウナギは、その場でお姉さんが目打ちして捌いてくれる。結構な量の血が出るので、釘を打つ木の板も発泡スチロールも真っ赤に染まっている。お姉さんの手も赤く染まり、真っ白な腕との強烈な色彩の対比が、何だかセクシーであった。

　出口へ向かう道すがら、加熱前の臭豆腐《チョウドウフ》と楊梅《ヤンメイ》（山桃）を買い求めた。「この店の臭豆腐が旨いんです。最近は雨が続いていたので、発酵が面白い具合に進んでいるかもしれません」。これまたいつも菜市場に通っていないと出てこない発想だなあと感じ入って、仕入れは終わった。

　さあ、これらの食材がコックさんの手で一体どんな料理に仕立てられるのか。激しい雨の中で自転車を漕ぎながらも胸を高鳴らせたことを、まるで昨日のことのように思い出す。


（128頁の堪能編に続く）

05

吐魯番市

新疆ウイグル自治区

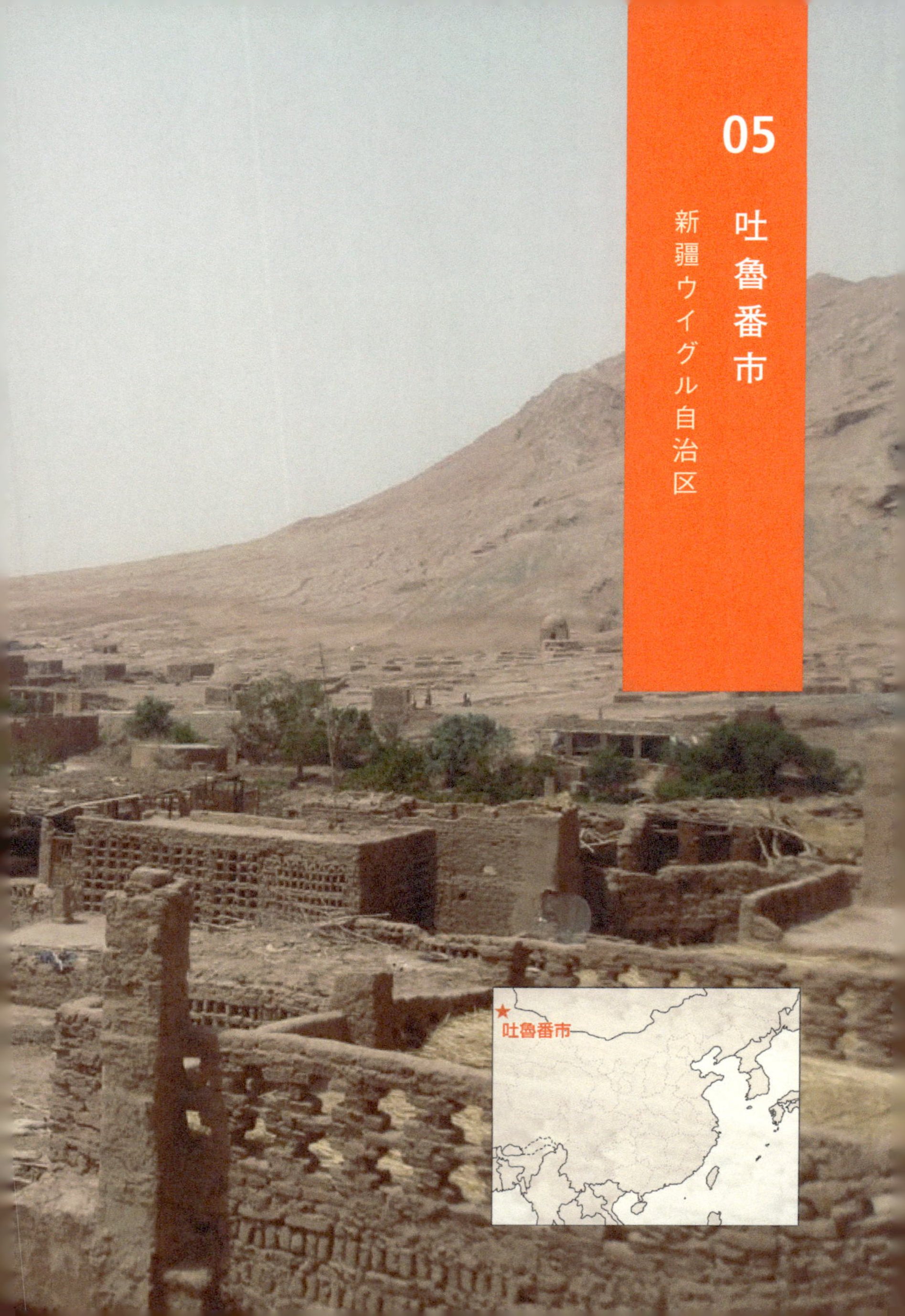

第五章の舞台は、一気に西へ飛ぶ。紀元前の昔からシルクロードのオアシス都市として栄えた、新疆ウイグル自治区の吐魯番《トゥルーファン》だ。本書では、日本で馴染みが深いトルファンの表記を用いる。

ウイグル語で「低地」を意味するその名の通り、トルファンは海抜マイナス百五十メートルの盆地に位置し、夏場の酷暑で知られる。かの三蔵法師一行が、鉄扇公主や牛魔王と激しい戦いを繰り広げたとされる火焰山も、このトルファンにある。

厳しい気候ゆえに、産物は限られている。加えてイスラム教の制約もあるので、料理に用いられる食材は多彩とは言えない。だが、限られた中にも飛び切り旨いものはある。

乾燥した土地がプラスに働くのか、或いは品種が違うのか、新疆の野菜や果物は驚くほど味が濃い。多様な種類を誇る干し葡萄は甘味と酸味が素晴らしく、まるで宝石のようだ。ウイグル族が毎日のように食べる羊肉も、別格の旨さである。

なお、新疆の中心地である烏魯木齊《ウールームーチー》（ウルムチ）ではなく、敢えてトルファンを採り上げた理由は、僕が「酒徒」だからだ。

ウルムチは、本格的なローカル店になればなるほど飲酒に厳しく、羊肉料理を酒なしで食べ

カラフルな干し葡萄。品種によって、味も香りも全然違う。ウイスキーのお供に最高。

ることを強いられた。その土地に住む人々の価値観は無論尊重すべきだが、酒を日々の糧として生きる飲んだくれには何ともつらい環境で、僕は失意のあまり体調まで崩した。

その点、世界的な観光地でもあるトルファンは、旅行者の飲酒に寛容。新疆産のビールやワインを存分に楽しむことができたのだ。となれば、どうしたってトルファンを贔屓したくなるではないか（笑）。

こんな理由で全く恐縮だが、酒を愛する諸氏にはご理解頂けることと思う。もちろん今回選んだ三つの料理は、下戸の方が食べても文句なしに美味しいであろう料理ばかりだ。安心してご覧頂きたい。

◉曲曲（チュチュレ）——一杯のワンタンスープが告げる「素材の勝利」

曲曲《チュウチュウ》。ウイグル語でチュチュレ（チュルチュレ）と呼ばれるこの料理は、ウイグル式のワンタンスープだ。薄い小麦粉の皮で羊肉の餡をワンタンのように包み、羊肉でダシを取ったスープで煮る。ワンタンに火が通ったらスープごと碗に盛り、刻んだ香菜を散らす。トルファンのみならず、新疆一帯で広く親しまれている小吃のひとつだ。

曲曲（チュチュレ）。一見、なんでもないワンタンスープのようだが、あなどることなかれ。

酸湯曲曲は、トマトスープでワンタンを煮込む。

ひとつひとつ手で包まれた曲曲。餡の種類によって包み方と場所を分けていた。

酸湯曲曲《スアンタンチュウチュウ》というのもあって、これはスープを作る際、羊肉とともにトマトを煮込んで酸味を加えたものだ。いずれにしろシンプルな小吃であるが、実に旨い。僕が最も感動したのは、トルファンの屋台で食べた酸湯曲曲である。

トルファンの中心にある噴水の周辺には、夕方になるとたくさんの屋台が姿を現し、夜遅くまで地元民で賑わう（二〇〇九年当時）。観光客に対しても開放的で、皆、よそ者と見ればあれこれ親切に教えてくれるし、カメラを向ければ笑顔でポーズを決めてくれる。楽しい雰囲気がすっかり気に入って、僕は二晩連続で通った。

感動の屋台は、背が高く、キリッとした顔立ちのウイグル族のおばちゃんが営んでいた。曲曲の皮を機械で伸ばす店も多いが、おばちゃんは手作り。何だか旨そうなものを出してくれそうなオーラを感じた。

そして、その予感は当たった。言ってみれば、ワンタンをスープで煮込んだだけのものなのに、おびただしく旨い。まずはスープ。羊肉のダシとトマトの旨味・酸味が混じり合い、さっぱりしながらも奥深く、何ともやさしい味わい。薬味の香菜が絶妙のアクセントになって、いくら飲んでも飲み飽きない。

そして、主役のワンタンもやたらと旨かった。餡は玉葱、ニラ、白菜の三種類あって、いずれもベースは羊肉。特に素晴らしかったのは、玉葱とニラだ。

新疆の羊はどこで食べても旨いので、餡の羊肉が旨いのは予想の範囲内だったが、玉葱の甘

三種類の餡。どれも特に珍しいものではないのに、これが旨い。

トルファンの屋台広場。暗くなると地元民で一杯になる。

ありがとう、おばちゃん！　今もご健在かな。

さとニラの香り高さには、思わず目を見開いた。野菜自体の味が、とても濃いのだ。餡の味付けは塩程度と思われるが、それで十分。ひとつ食べるごとに薄い皮の中から肉と野菜の旨味がブワッと弾け、僕は歓喜の声を上げた。これぞ「素材の勝利」だ。

都会の野菜を使って同じものを作ってみたところで、絶対に同じ感動は得られない。おばちゃんの酸湯曲曲は、その土地で食べないと真価を理解できない味があるということを、あらためて実感させてくれた。

◉大盤鶏（鶏肉とじゃが芋のスパイシー煮込み）——新中国の移民政策が生んだ新顔

大盤鶏《ダーパンジー》は、中国全土で高い知名度を誇る新疆の名物料理だ。「大皿鶏」を意味する名前の通り、丸ごと一羽の鶏を骨ごとぶつ切りにし、大量のじゃが芋と煮込んで、ドドンと大皿に盛りつける豪快な料理である。

唐辛子・花椒・八角・桂皮などの香辛料を効かせた、スパイシーな味付けが魅力だ。山盛りの大盤鶏が卓上に置かれると、刺激的な香りがぶわぶわと鼻をくすぐってきて、一気に食欲が高まる。

歯ごたえが良く、味が濃い新疆の地鶏。それが香辛料の辛さや痺れを身にまとうと、果てしなくビールを呼ぶ。地鶏の旨味を汁ごと吸ったじゃが芋も、主役に負けず劣らずのご馳走だ。

ド迫力の大盤鶏！

単純な料理ではあるが、鶏が、じゃが芋が、野菜が旨い！

サイズを落とした「中」盤鶏も試してみたのだが、今ひとつ迫力に欠けた。

脇役の葱やピーマンに似た青唐辛子までもが妙に旨いのは、やはり新疆の野菜に地力があるからだろう。

本場の大盤鶏は、とにかく量が多い。三〜四人で頼んでも満腹になること必至だ。だが、それがいい。山盛りの鶏肉を目の前にして、「うはは！　こりゃ頑張らなきゃ！」と張り切って食べるのが楽しい。小サイズの大盤鶏を出す店もあるが、僕にとっては邪道。この料理は、量も味のうちだと思っている。

皿の山がある程度減ったら、皮帯麺《ピーダイミエン》（ベルト状の幅広麺）や、烤饢《カオナン》（ウイグル式ナン）を汁に浸して食べるのがお約束だ。

スパイシーで旨味たっぷりの汁が、むっちりした麺や香ばしいナンにからんだり染み込んだりするのだから、旨くないわけがない。一皿で肉も野菜も主食も一度に楽しめるのが、大盤鶏の素晴らしさだ。

実のところ、大盤鶏はウイグル族の伝統料理ではない。そもそもこの料理にはウイグル語の名前がないし、ウイグル族のレストランでは大盤鶏を出さないところも少なくない。では何かと言うと、新中国成立以降、大挙して新疆へ移住した漢族の食文化と、新疆の風土が出合って生まれた創作料理なのだ。

唐辛子と花椒を多用する点は四川料理の雰囲気が濃厚だが、湖南・甘粛・河南あたりの影響を指摘する声もある。いずれも、新疆への移民が多かった地域だ。その意味で、大盤鶏は新中国の移民政策が生んだ一皿だと言える。

もっとも、漢族の大量流入が引き起こした新疆の社会問題は、皆様もご存じの通り。特にここ十年で苛烈さを増しているウイグル族への抑圧を思うと、複雑な気持ちになる。だが、経緯の良し悪しは別として、異なる文化が交わるところには必ず新しい料理が生まれるということだ。

大盤鶏の成立時期には諸説あるが、一九八〇〜九〇年代とする説が有力だ。誕生からわずか数十年で新疆料理を代表する存在になったのは、何と言っても「旨いから」だと思う。その美味に舌鼓を打ちながら、新疆の歴史や現状に思いを巡らせてみるのは如何だろうか。

へげへげの皮帯麺。汁にしっかりからめて食べると、激旨！

烤饢もいい。胃袋の容量が三倍になってくれればもっとたくさん喰えるのに……と、いつも思う。

大盤鶏の専門店は、漢族経営が多い。普通に冷えたビールを置いている点は、酒飲みにはありがたい。

◉抓飯（ポロ）と拌麺（ラグメン）――ウイグル族が毎日食べるソウルフード

抓飯《ジュアファン》と拌麺《バンミエン》は、いずれもウイグル族のソウルフードだ。トルファンで出会ったウイグル族の青年の言葉を信じるなら、彼らの昼飯は「基本的に抓飯か拌麺の繰り返し」なのだそうだ。どちらの料理も日常的に外食するが、同時に家庭料理の定番でもあるという。

青年曰く「世界で最も旨いものは、ママが作った抓飯と拌麺」とのこと。彼の未来の結婚相手は苦労しそうである。ともあれ、僕としてもどちらか一つを選べなかったので、両方紹介することにした。

まずは、抓飯。「手づかみ飯」という意味で、元々は食べ方に由来した名前なのだが、今では地元民でもスプーンや箸で食べる人が多い。ウイグル語ではポロと呼ばれ、手づかみで食べるとご飯がポロポロ落ちるからそう呼ばれる……というのは全くの嘘で、その語源はトルコのピラウ（ピラフ）だ。作り方も似ている。

大量の羊の脂で羊肉を揚げるように炒め、玉葱と人参を炒め合わせる。野菜がやわらかくなったら、浸水させた米と水を足して、蓋をして炊く。人参は、普通の人参と新疆特産の黄色人参の二種を使うことが多い。さらに干し葡萄やひよこ豆を入れることもある。クミンなどの香辛料を加える店もあるが、本来の味付けは塩だけのようだ。

炊き上がった抓飯は、米粒がピンと立ってポロポロしている。二種の人参が彩りを添え、食

抓飯（ポロ）。冒頭の青年が、「ママが作るものの次に旨い」と評した店にて（笑）。

ビールさえあれば、人参の漬物も肴になる！　容器は、お茶用の茶碗を拝借。

欲をそそる。羊肉の旨味や玉葱、人参の甘味が染みたご飯が、実に旨い。ゴロゴロ入った羊肉は、香ばしさと柔らかさを併せ持ち、正しくご馳走だ。

店によっては脂が重く感じられることもあるが、美味しい店の抓飯は丼でもお代わりできそうなくらい軽やかで、いくらでも食べられる。かの青年が「ママが作るものの次に美味しいよ」と勧めてくれた店の抓飯は、正にこのタイプだった。

「ビ、ビール！」という心の叫びを無視できなかった僕は、近くの店で買ったビールを店に持ち込ませてもらった。その店に酒は置いていなくても、持ち込みなら良いという寛容な店がトルファンには多いので、酒好きの諸氏は臆せずに交渉してみよう。

お次は、拌麵《バンミエン》。肉野菜炒めのぶっかけうど

んだ。拌麺は「和え麺」という意味で、炒め物と麺をよく混ぜて食べる。ウイグル語では、ラグメン（ラグマン）。中央アジア全域で似たものが食べられているので、ご存じの方も多いかと思う。

「中国の麺はコシがない」などと言われるが、拌麺の麺は違う。しなやかで、コシがあり、喉越しがいい上に、むっちりとした歯応えも楽しめる。いわゆる手延べうどんなのだが、作り方が面白いので、左頁の写真でご覧頂こう。

まず、小麦粉を練った生地に油を塗って細く伸ばし、蛇のようにとぐろを巻かせて、寝かせる。独特のコシはここで生まれる。寝かした生地を更に伸ばして麺にする作業は、魔法のようだ。僕が見たときは、ウイグル族一家の女性三人が総がかりで作ってくれたのだが、ある者は生地をまな板に押し付けて伸ばし、ある者はそれを手で引っ張って伸ばし、ある者はそれを両腕に巻き付けて、まるで毛糸玉を作るかのようにして伸ばしていく。見事な連携プレイだった。

麺を茹でる間に、炒め物を作る。具は、羊肉とトマトがメインで、あとはセロリ・茄子・ピーマン・葱・玉葱・じゃが芋・インゲン・白菜などの野菜を何種類か入れるのが一般的だ。全ての具をたっぷりの油で炒めて、塩で味を付ける。それを茹で上がった麺にどさっとかければ、できあがり。

さあ、いただきます！　具と麺を混ぜると、油が仲人になって、炒め物の旨味が麺にしっかりとからみつく。つややかな麺をほおばると、肉と野菜の香りや旨味が口の中で弾ける。

とぐろに巻かれた生地。

つるつるしなやか。うどんのような麺。

あれよあれよと言う間に、生地が伸びて麺になっていく。

最後は両腕に巻き付けながら伸ばしていき、そのまま湯を沸かした鍋の中にドボン。

完成！　地味な見た目だが、これが今のところ人生で一番美味しかった拌麺（ラグメン）。たっぷりの野菜と肉と主食を一度にとれる完全食だ。

定番中の定番・羊肉串。これを食べねば新疆に行ったことにはならない。

ところどころ太さが異なる麺。家庭料理らしい仕上がりだが、食感に起伏ができて旨い！

羊肉は当然旨いし、トマト・玉葱・茄子の甘味もすごい。ピーマン・セロリ・インゲンの歯応えがリズムを刻み、箸が止まらなくなる。味が濃い新疆の食材だからこそ、シンプルな味付けが活きるのだなあ。これならば、毎日のように食べても食べ飽きないのも分かる。

最後に、酒飲みへひとつアドバイスを贈る。抓飯や拌麺の店へ行ったら、必ず羊肉串《ヤンロウチュアン》（羊肉の串焼き）を先に頼もう。抓飯や拌麺は肉・野菜・主食が一皿に詰まった完全食なので、それだけ食べても腹は満たされるし、栄養も十分だ。しかし、それだけではあっという間に食事が終わってしまう。

そこで、羊肉串だ。新鮮な羊肉を大ぶりに切って長い鉄串や紅柳という木の枝に刺し、炭火で香ばしく焼き上げる。今や中国全土で食べられるメジャーな料理ではあるが、新疆の羊肉の旨さは、やはり別格だ。これをガシガシ喰らいつつ持ち込んだビールを存分にあおってから、おもむろに抓飯や拌麺へと進むのだ。

これが、禁酒の教えすら守れぬ愚かな異教徒にとっての、正しいウイグル料理の愉しみ方である。

レシピ③　作って食べよう

新疆料理

新疆菜

大盤鶏

（鶏肉とじゃが芋のスパイシー煮込み）

用料（材料）

丸鶏（骨付き鶏肉で代用可）……1羽（1kg前後）
じゃが芋……3〜4個
玉葱……1個
ピーマン（緑・赤）……4〜5個
氷砂糖（砂糖で代用可）……1個
炒め油……大さじ3〜4

薬味
白葱……1本分
生姜……小1個（50g）
大蒜（にんにく）……5〜6片

香辛料
花椒……ひとつかみ
干し唐辛子……ひとつかみ
八角……3〜4個
肉桂……2〜3片
香葉（ローリエ）……2枚

味付け
醤油……適量（大さじ2〜お好みで）
紹興酒……大さじ2

做法（手順）

1 下準備をする

丸鶏をひと口大のぶつ切りにし、鍋にたっぷりの水と共に入れて強火にかけ、沸騰したら中火にしてアクを取る。数分茹でたらざるに上げ、流水でアクを洗い流す。じゃが芋・玉葱・ピーマンは大きめのひと口大に切る。白葱と生姜は薄切りにし、大蒜は包丁の腹でつぶす。

2 炒める

中華鍋に油と氷砂糖を入れて中火にかけ、氷砂糖が油に溶けて泡が弾けてきたら、鶏肉を入れてからめる。薬味と香辛料を全て入れて香りを出したら、醤油と紹興酒を加えて炒め合わせる。

3 煮込む

ひたひたの水を注ぎ、蓋をして強火にし、沸騰したら中火にして20分煮込む。じゃが芋を加え、再度蓋をして10分煮込む。蓋を取って強火にし、程よく汁気を飛ばしたら玉葱とピーマンを加え、火が通るまで炒める。

温馨提示
（アドバイス）

「量も味のうち」なので、たっぷり作ろう。少ないと「小盤鶏」になってしまう。

- **油はたっぷり。氷砂糖もきちんと入れる**
  ――油のコクと氷砂糖の甘味が、麻辣味の土台になるのだ。
- **氷砂糖は、焦らず、泡が立つまでしっかりと炒める**
  ――ある瞬間、油の色が急に焦げ茶色に染まり、泡が立ち始める。
- **泡が立ったら素早く鶏肉を入れる**
  ――泡が立ち始めてから焦げつくまでは早い。手早く動こう。

06

海口市

海南省

第六章は、シルクロードから一気に中国最南端へ。南シナ海北部に位置する海南省の海口市《ハイコウ》が舞台だ。省の大部分を占める海南島の面積は九州よりやや小さく、人口は約一千万人。人口の八割は漢族で、そのほかに黎《リー》族、苗《ミャオ》族、壮《ジュアン》（チワン）族などの少数民族がいる。以前は広東省の一部だったが、一九八八年に海南省として独立した。

かの大詩人・蘇軾《そしょく》が流刑に処された土地であり、日本に渡ろうとした鑑真《がんじん》が難破して漂着した土地でもある。こう書くとさも辺境のようだが、その地理的条件を活かし、現代では「中国のハワイ」としてリゾート開発が進んでいる。

海南島は、古くから多くの華僑を輩出したことでも知られる。省都である海口市の旧市街には、十九世紀から二十世紀初頭にかけて海外で財を成した華僑によって建設された騎楼が今も建ち並ぶ。

温暖な気候のおかげで、農業も盛んだ。米はなんと三期作（一年に三回収穫）で、トロピカルフルーツも豊富。また、四囲を海に囲まれているだけでなく、中南部には山岳地帯があるので、山海の幸に恵まれている。中でも、文昌鶏《ウェンチャンジー》・加積鴨《ジアジーヤー》（アヒル）・東山羊《ドンシャンヤン》（ヤギ）・和楽蟹《ハラーシエ》は、海南四大名物料理として名高い。

尚、海南島民の六割以上が使用する海南話《ハイナンホア》は、福建省南部の方言・閩南話《ミンナンホア》が基になっているそうだ。だが、かつて広東省の一部だった歴史が影響しているのか、料理には広東料理の影響をより強く感じる。医食同源に基づいた広東料理の思想が海南島ならではの文化、風土、食材と出合い、独自の魅力的な料理が生まれている。

今回選んだ三つの料理は、鍋あり、甘味あり、主食あり。いずれも海南島の魅力を舌で味わうことができる逸品だ。南の島の多彩な「食」を一気にご堪能頂きたい。

◉斎菜煲（海南式精進鍋）——半裸で喰らう真夏の生臭精進鍋

斎菜煲《ジャイツァイバオ》は、海口市を含む海南島北部の名物料理だ。斎菜とは精進料理のことで、煲とは鍋で煮込むこと。つまりは、様々な野菜・キノコ・大豆製品などを煮込む鍋料理である。

この地域には春節に肉食を控えて精進料理を食べる習慣があり、本来はその際に食べる料理だそうだ。しかし、現代では時季や精進にこだわらず、肉・モツ・魚介を加えて食べるのも人気なのだとか。以上は、僕が斎菜煲を食べた店で知り合った海口人の受け売りである。

その店は、海口庶民の台所・東門市場の近くにあった。看板はなく、古びた騎楼を入口から奥の空き地までぶち抜いて、そこに組み立て式の机やプラスチックの椅子を並べただけの店だ。猛暑だというのに、大勢の客が炭火と鍋を囲んでいる。男性客の中には、上着を脱ぎ捨て

夕方になっても気温 30 度を優に超える夏の海口。
それなのに、みんな鍋を囲んでいる。

迫力満点の斎菜煲（ジャイツァイバオ）。

て、上半身裸になっている者も少なくない。

その光景に吸い寄せられて席に着くと、店のおばちゃんが炭火と大きな鍋を運んできた。鍋のスープは既に沸騰していて、おばちゃんはそこに大皿に盛られた具を全て放り込み、蓋をして去っていった。

こっそり中を見てみると、具の内容は、春雨・木耳・豆もやし・腐竹《フージュー》（乾燥湯葉）・豆腐干《ドウフガン》（押し豆腐）・黄花菜《ホアンホアツァイ》（干したホンカンゾウ）・椎茸・空心菜など、なかなか豪華だ。

待つこと、しばし。「もう煮えたよ」とおばちゃんに言われ、箸を手に取った。スープは、あくまであっさり。味付けは恐らく油と塩と醬油程度で、乾燥湯葉やキノコ類がコクを加えている。ワイルドな見た目とは異なり、上品な仕上がりだ。

木耳のコリコリ。黄花菜のモキュモキュ。空心菜や豆もやしのシャキッ。湯葉・押し豆腐・椎茸のジュワーン。様々な食感と味わいが口の中で弾け、精進鍋と言っても多彩で豪華な味わいだ。一番のヒットは、春雨。煮込んでも食感を失っておらず、スープを吸って果てしなく旨い。

次に、肉類を加える応用編に移った。店員の兄さん（やはり上半身裸だ）に人気の具を尋ねたところ、鴨腸《ヤーチャン》（アヒルの腸）・猪肚《ジュードゥー》（豚ダイチョウ）・毛肚《マオドゥー》（牛センマイ）・牛肉の四種を盛り合わせてくれた。モツの煮過ぎは禁物なので、これらは目が行き届く分だけ少しずつ煮ていくのが正解だ。

ウホッ、これ、最高！　暑い中、モツの上に氷をのせただけの状態で保管してあったのでやや不安もあったのだが、ひと口目でその不安は吹き飛んだ。どれも新鮮で、上物。しっかりした弾力があり、旨味が濃い。卓上の五香南乳《ウーシャンナンルー》（香辛料を加えた腐乳）や辣椒醤《ラージャオジャン》（発酵唐辛子ペースト）をつけて食べると、更にコクと刺激が増す。モツ好きなら、心の中で快哉を叫ぶこと必至の美味だ。

あとは一心不乱。ビールを何本も空にしながら、ひたすら鍋に向かった。モツの旨味でスープは更に深みを増し、それを吸った春雨は一層美味しくなった。「旨いものがたっぷりある。

全ての具を一気に放り込み、蓋をして煮込んでいく。

上半身裸の「裸族」を眺めながら、鍋が煮えるのを待つ。

ぐつぐつと煮えたぎる斎菜煲。精進料理とは思えない迫力と旨さ！

しかも、それを独り占めできる」。こんな幸せを目の前にしたら、ひとり鍋の寂しさなんて感じているヒマはない。明らかに数人分の量だった鍋は、キレイに空になった。

あまりにも旨かったので、数日後、同じ店を再訪した。これが、大正解。新たに糟粕醋《ザオポーツウ》という料理に出合えたのだ。

冒頭の海口人の解説によると、糟粕醋は海南島東部の文昌が発祥の地。米酒の酒かすに、唐辛子や大蒜や油を加えてスープのベースにする。この店の場合、具は斎菜煲と同じだったが、本場・文昌ではモツ以外に昆布の細切りや、牡蠣や小さな蟹なども入れるそうだ。

いかにも複雑な味をしていそうな見た目のスープは、豊かなコクの上に酸味と辛味が混じり合い、期待通りに素晴らしかった。力強い味のモツには斎菜煲のスープより一段と合う気がして、またもひとりで数人分のモツを平らげた。

サウナのような蒸し暑さの中で、汗をダラダラ流しながら熱々の鍋をつつき、冷えたビールをぐいっとあおる。この快楽、一度知ったらきっと病み付きになりますぞ。

◉清補涼（薬膳ココナッツスイーツ）——中国最強スイーツ・ちんぷーりゃん

海南島が世界に誇る絶品スイーツ、それが清補涼《チンプーリヤン》だ。僕が中国で最も愛するスイーツでもあり、初めての海口旅行では毎日食べ続けたし、今も出張するたびにわざわざ専門店へ食べに行

これまた裸族の兄さんが、手早く盛り付けてくれる。
どの具も価格は同じで、重さで支払いが決まる。

じゃじゃん！　ツヤツヤとしたモツが食欲をそそる！

山盛りのモツ（加熱後）。上部のピラピラは
鴨腸（アヒルの腸）。歯応えが良い。

赤みがかったスープが特徴の糟粕醋（ザオボーツゥ）。

くほど気に入っている。

何やら難しげな名前は、「身体の暑気を払い、栄養を補い、涼を取る」といった大仰な意味になる。しかし、その発音は「ちんぷーりゃん」と可愛らしい。皆さんも、親しみを込めて「ちんぷーりゃん」と呼んで欲しい。

その実体は、広東省や広西チワン族自治区の伝統スイーツ・糖水《タンシュイ》が、海南島で独自の発展を遂げたものだ。糖水とは、豆や穀物など何かしらの具を砂糖と水で煮込んだスイーツで、その組み合わせは星の数ほどあり、温かいものも冷たいものもある。清補涼は冷たい糖水の一種だが、具は別途煮込んでおき、砂糖と水の代わりに新鮮な割りたてココナッツを使って汁にするところに、海南島ならではの特色と贅沢さがある。

取り出したばかりのココナッツジュースやココナッツミルクは、氷で程よく冷やして供され、自然な甘さが涼を呼ぶ。汁だけでなくココナッツの果肉も入っていて、新鮮そのもの。とろけるように白く、舌触りはつるりとして、噛めば鼻から甘い香りがふわりと抜ける。

ココナッツ以外の具も、多彩極まる。アズキ、緑豆、ハトムギ、ハスの実、ピーナッツ、ナツメ、ウズラの玉子、空心粉《コンシンフェン》（米のマカロニ）、珍珠《ジェンジュー》（タピオカパール）、冬瓜伊《ドングアイー》（冬瓜グミ）など、数え上げるだけでも大変だ。

煮込んだアズキ、緑豆、ハトムギ、ピーナッツのホッコリとした食感に、思わず目を細める。ホクッとしたハスの実の仄かな甘みと香り。噛むと甘みが広がるナツメ。ウズラの玉子は意外

愛しの清補涼（チンプーリャン）。

あらかじめ具が盛られた碗。ここにココナッツジュースやココナッツミルクを注いで供される。

にも他の具と調和し、ツルツルの空心粉は舌触りがいい。中でも、似て非なるモチモチ感をもつ珍珠と冬瓜伊の共演は、特筆ものの美味しさだ。そして、これらの多くが、中医学では身体を冷やす効果を持つとされていることにも注目したい。

口の中は始終賑やかで、様々な味と食感が繰り返し現れては、混じり合う。各素材が持つ天然自然の味わいを、ココナッツが爽やかにまとめあげてくれる。全体の甘さはあくまで控えめで、酒飲みのおっさんである僕でも、毎回ペロリと平らげてしまう。それどころか、お代わりすることさえよくある。

そして、驚くべきは食後感。清補涼という名の通り、身体がすうっと涼しくなるのだ。アイスやカキ氷のような直接的な冷え方ではなく、また、クーラーの風に当たるような冷え方でもなく、身体の中から熱が蒸発する感じだ。清補涼自体はそれほど冷たくないのに、この不思議な効果には中医学の本領を見る思いがする。

尚、清補涼は、ココナッツジュースベースの椰汁《イエジー》とココナッツミルクベースの椰奶《イエナイ》がある。僕は椰汁派。ココナッツジュースと果肉の両方を楽しめるからだ。椰奶も旨いのだが、ココナッツミルクは果肉を削って作るものなので、果肉が入らなくなってしまうのが痛い。でもまあ、旅行者としての正解は「両方食べる」かな。

数年前まで、とある清補涼の有名店は決まった店舗も持たず、昼間は営業しなかった。夜になると、昼間には何もなかった空き地の暗がりに屋台と机と椅子が並べられ、そこに常時百人

碗の中には、 様々な具が姿を隠している。

ひと口ごとに多彩な味が楽しめる。

ココナッツミルクベースの椰奶。 これまでの写真は、全て椰汁（ココナッツジュース）。

暑さが落ち着く夜になると、清補涼を求めて大勢の客が集まってくる。

暗がりの中で、ひたすらココナッツと向き合う店員たち。

近い客が集まっているのを見て、驚いたものだ。

屋台の脇では、数人の店員がひっきりなしにココナッツに穴を開け、中身を取り出していた。ある者はココナッツジュースをバケツに注ぎ込み、ある者はスプーンで果肉を削り取る。彼らの周りは大量のココナッツの残骸で地面が見えぬほどで、これこそは海南島じゃなきゃ食べられないスイーツだなと、一瞬で理解させられる光景だった。

ただ旨いだけでなく、食べれば身体を涼しくしてくれるのだから、海南島にはうってつけのスイーツだ。海南島の中では比較的四季がはっきりしている海口では、清補涼は暑い時期に食べるものと決まっていて、冬季は休業する店もある。

清補涼の真価は、うだるような暑さの中でこそ味わえるのだと思う。皆さんも、真夏の夜の海口でこの絶品スイーツを食べ、魔法のような納涼効果を体験してみては如何だろうか。

ちちんぷいぷい、ちんぷーりゃん！（適当）

◉海南粉（海南式和えライスヌードル）——胡麻香る南の島のライスヌードル

料理名を見て、「海南の粉ってなに？」と思われた方もおられよう。この「粉」は米粉《ミーフェン》（ライスヌードル）のことで、海南島ならではの米粉という意味だ。中国の長江以南において、米粉は非常に一般的な食材で、地域ごとに様々な食べ方がある。ここ海南島にも独自のものがいくつもあり、最もメジャーなのが海南粉《ハイナンフェン》なのだ。

ひと言でいうなら、和えライスヌードルだ。常温まで冷ました茹でおきの米粉に、様々な具をのせ、よく混ぜてから食べる。

具は、実に多彩だ。青葱、香菜、豆もやし、揚げピーナッツ、細切りの豚肉や裂いた牛肉干《ニウロウガン》（ビーフジャーキー）、脆角《ツイジャオ》（揚げたワンタンの皮のようなもの）、酸菜《スアンツァイ》（青菜の漬物）、酸筍《スアンスン》（タケノコの漬物）、小螺肉《シャオルオロウ》（巻貝の剝き身）など、店によって組み合わせは異なるが、とにかくたくさんの具がのっている。

絶対に欠かせないのは、荒く擂った胡麻だ。海南島は胡麻の一大産地でもあり、碗から立ち昇る豊かな胡麻の香りこそが、海南粉の肝である。また、海南島産の唐辛子で作った辣椒醬《ラージャオジャン》（発酵唐辛子ペースト）も重要。とても辛いが、爽やかな香りと発酵のコクがあり、全体を複雑で刺激的な味わいにしてくれる。

これらの具と米粉を結び付けるのが、鹵汁《ルージー》と呼ばれるタレだ。製法は店ごとに異なるが、肉や骨や魚介をダシとしたスープに様々な香辛料と醬油を入れて煮詰め、とろみをつけたものだそうだ。全体をよく混ぜると、具の下に潜んでいた鹵汁が米粉にからみ、何とも旨そうな色に染まる。

肝心の味は、何のひねりもない表現で恐縮だが、むちゃむちゃ旨い。胡麻の香りに誘われるようにして米粉を頰張ると、具とタレの香りが混じり合って鼻から抜け、思わず陶然となる。

南の島らしく、色鮮やかな海南粉（ハイナンフェン）。

店によって、トッピングは変わる。その違いを味わうのも、楽しさのひとつ。

胡麻がたっぷりかかっていると、嬉しくなる。辣椒醤は、卓上の瓶から好きな量を入れよう。

歯を嚙み合わせれば、今度はそれぞれの具の食感が賑やかに躍りだす。シャキッとした豆もやし、シャクッとした酸筍、パリパリの脆角、カリカリの揚げピーナッツ。挙げればキリがないが、口の中はさながら食感の展示会場と化していく。

展示会場と言うなら、味だってそうだ。嚙むごとに異なる具の味わいが姿を現し、タレのとろみと旨味に乗って、互いに溶け合っていく。これぞ「和え麺」の醍醐味だ。旨味の洪水の中で、酸菜や酸筍の酸味が良いアクセントになり、辣椒醬の刺激が全体を引き締める。

海南粉に使われる米粉は細粉《シーフェン》（細い米粉）と粗粉《ツーフェン》（太い米粉）の二種類あるそうだが、主流は細粉のようだ。日本のひやむぎと同じくらいの太さで、他地域の米粉に比べると細め。それ自体の主張は弱いのだが、これはこれで、個性の強い具たちに主役を譲って静かに脇を固める老名優のおもむきがある。

ひと口ひと口が楽しくて、一度動かし始めた箸はもう止まらない。熱くもなく冷たくもない温度も、一気に食べるにはちょうどいい。鮮烈かつ千変万化の味わいに、毎回あっという間に碗が空になってしまう。

〆は、スープだ。海南粉の専門店には、大抵スープが入った薬缶や容器が置いてある。それを空になった碗に注ぎ、碗の内側にへばりついた具と一緒に飲み干すのがお決まりである。このスープはほとんど味がないくらいのあっさり味だが、具の味が混ざると、いい塩梅になるのだ。蕎麦の最後に蕎麦湯を飲むのと同じような気分で、ゆっくりスープをすすって、ごちそうさま。心は満足感で満たされる。

この海南粉、全国的な知名度は高いとは言えないが、海南島では「これを食べねば海南島に来たとは言えない」と言われるほどメジャーな存在だ。一度食べれば、その魅力の虜になること請け合い。中国在住時の僕は、毎回海南出張が決まるたびに、海南粉のことを思い出してよだれを垂らしていた。

混ぜれば混ぜるほど美味しくなるのが、この種の食べ物のお約束。いただきます。

タレをまとってぬらぬらと輝く細粉（細い米粉）。そそる。

〆のスープ。和え麺を食べ終える前にスープを足して、汁麺風にする手もある。

column 3

堪能！上海のお昼ご飯！

（91頁の密着編から続く）

菜市場《ツァイシーチャン》での買い出しを済ませて家へ戻ると、ふじもとさんは言った。

「とりあえず臭豆腐《チョウドウフ》と塩水鴨《イエンシュイヤー》を出してもらって、飲み始めましょう」

「いいですね！　最高の前菜です」

こんな会話を交わして乾杯しているのが朝九時というのが、たまらなく幸せだ。そこにジャーッと油の音が鳴り響いたので、僕は厨房へ駆け込んだ。コックさんが臭豆腐を揚げ始めたのだ。中華鍋で臭豆腐を揚げながら、別の鍋でつけだれを作っている。好きな人にはたまらないあの独特な香りが、厨房全体へ広がっていく。やがて黄金色に揚げ上がった熱々の臭豆腐は、ふっくらと香ばしい。コックさんのつけだれは、刻んだ泡辣椒《パオラージャオ》（唐辛子の漬物）と葱を軽く炒め合わせたもので、まろやかな酸味と辛味が臭豆腐を鮮やかに引き立てる逸品だった。家庭でこの「臭旨」が楽しめるなんて、最高だなあ。

お次は、塩水鴨。十七種類の香辛料と塩を合わせた煮汁にアヒルを一晩浸けたあと、同じ調合の汁でアヒルを煮て火を通し、冷ましてから皿に移し、冷蔵庫に一日以上置いて味を馴染ませるのだという。しかも、放し飼いのアヒルを仕入れるために、二日前の朝五時半に市場へ出向いたと聞き、ただただ感謝。

「アヒルの脂の多さで味の染み込みやすさが変わるので、全く同じ量の調味料を入れても、作るたびに仕上がりが変わるんですよ。今日はどうでしょう」

ふじもとさんの解説を受けて箸を取ったところ、うわ、旨い！ 肉は驚くほど柔らかく、香り高い。あくまでしっとりとしていて、皮にも脂にもダレたしつこさがまるでない。

「これは相当凄いのではないでしょうか」と言ってみたら、ふじもとさんは「上出来です」と言いつつ、「寝かせる前の水気の切り方が甘かったので、少し水っぽくなってしまった」と、改善点を挙げた。こんなに旨いのに厳しすぎやしないかと思ったが、きっと日頃から厳しさを積み重ねているからこそ、この美味があるのだろう。

酸筍炒肉絲《スアンスンチャオロウスー》（タケノコの漬物と細切り豚肉の炒めもの）は、発酵食品を上手く活かせば余計な調味料はいらないということを舌に教えてくれる一皿で、酸筍のクセのある香りと旨味が料理全体に奥行きを生んでいた。これは傑作！

腐乳炒空心菜《フールーチャオコンシンツァイ》（空心菜の腐乳炒め）も、糟方腐乳（紹興酒の酒粕で発酵させた豆腐）で空心菜を炒めただけなのに、加熱された腐乳のふくよかな香りとコクが過不足なく空心菜にからんでいて、酒が進むこと！

サラリと出された涼拌海蜇頭（クラゲの頭の

冷菜）は、コリコリのクラゲとシャキッとした千切り大根の共演を、葱油のコクと香りが爽やかに彩る。控えめな味付けが食欲を刺激し、これは見事な箸休めだと唸った。

忙しく飲み食いしながらも、ときおり厨房を覗きに行く。コックさんの手早い調理は見ていて惚れ惚れするものがあり、僕は拍手を重ねた。「誉めすぎよ」とコックさんは謙遜したが、いやいや、だって美味しいですよ、あなたの料理。

やがて、メインの泡菜大黄鱔《パオツアイダーホアンシャン》（四川の漬物とタウナギの炒め煮）が運ばれてきた。下揚げしたタウナギを唐辛子と様々な野菜の漬物と共に炒め煮にしたもので、ビビッドな赤や緑が鮮やかだ。ブリンとして旨味の強いタウナギに漬物の酸味・辛味・旨味が程よく染みていて、異様に旨い。

「タウナギ、大当たりですね！　これは旨いです！」と僕は叫んだが、旨すぎるのも問題らしい。「これはタウナギが旨過ぎますね。泡菜で料理するなら、もっと主張がない白身魚を合わせた方が良かったな」と、ふじもとさん。おっしゃることは分からなくもないが、こんなに旨い料理を作ってこう言われるのでは、コックさんも大変だ（笑）。

更に料理は、干貝炒飯《ガンペイチャオファン》（干し貝柱の炒飯）、紅蛤冬瓜湯《ホンガードングアタン》（アケガイと冬瓜のスープ）と続いた。干貝炒飯は、米の一粒一粒がプリンプリンしている。「炒飯とは米を旨く食べるための料理なんだなあ」と改めて実感しながら、夢中でかっこんだ。更に、貝の旨味を素直に冬瓜へ染み込ませた紅蛤冬瓜湯をぐいと干したときに

は、もう満腹の大満足。最後にデザート代わりの楊梅《ヤンメイ》（山桃）をかじって、夢見心地の食事は終わった。

酔った頭と膨れた胃袋を普洱《プーアル》茶で癒しながら、僕は料理の感動を語った。僕の大好物である発酵料理をメインテーマにした素晴らしい構成で、どの料理も素晴らしかった。しかし、ここにきて最後の「ふじもと節」が炸裂するのだった。

「いや、きっと一、二品はまずいくらいが良かったんですよ。全部が美味しいと、個々の料理の印象が薄くなるでしょう。その意味だと、今日は『過ぎたるは、なお及ばざるが如し』だったかもしれません」

一般論として、味付けの強い料理ばかりを並べると、食事が単調になるという理屈は分かる。特に、レストランの料理はひと口目の美味しさを追求して味付けを濃くしがちだから、途中で疲れてしまうこともある。しかし、この日の料理に「過ぎたる」ところなど何もなかった。宴の最後までしつこさも重さも感じさせない、素晴らしい塩梅だった。

今思い返すに、家庭の厨房でもこんなに美味しい料理が作れることを目の当たりにしたのは、貴重な経験だった。後年、僕は自分でも中華料理を作るようになったが、「いつかコックさんのような料理を作れるようになりたいな」という気持ちがいつも心の中にある。

因みに、ふじもとさんはこの数年後、上海で流通する普洱茶の品質に満足できなくなり、普洱茶の本場・雲南省の西双版納へ移住し、普洱茶作りを始めた。そして、コロナ禍を経た今は、生まれ故郷の京都で普洱茶の茶教室（※）を営んでいる。

（※）プーアール茶.com　http://p.puer-cha.com/

07 西安市

陝西省

本章の舞台は、再び内陸へ。陝西《せんせい》省の省都・西安《シーアン》市からお送りする。かつて長安と呼ばれたこの街の歴史は、実に三千年以上に及ぶ。

紀元前十二世紀に西周が都を置いて以来、十三もの王朝がこの地を都とした。綿々と続く中国の歴史の中で、最も長い間、都であった都市である。シルクロードの東の最重要拠点としても栄え、唐代（七〜十世紀）には世界最大の都市でもあったという。

市の中心部には明代の城壁が現在も保全されており、古都としての風格は十分。秦の始皇帝陵と兵馬俑坑、唐の玄宗が楊貴妃と遊んだ華清池、玄奘三蔵が西域から持ち帰った経典を蔵する大雁塔など、歴史遺産の宝庫でもあり、世界各地からの観光客が引きも切らない。

現在の人口は、約一千万人。十世紀以降、都の座こそ他所に譲ってはいるが、今なお中国西北部最大の都市である。現代版シルクロード構想「一帯一路」政策では中枢都市のひとつに指定されており、今後も更なる発展が見込まれている。

では、西安で食べるべきものとはなにか。古都のイメージから豪華絢爛な宮廷料理を想像する人もいるかもしれないが、実のところ、西安の名物料理のほとんどが庶民的な小吃（軽食・おやつ）だ。陝西省は粉食文化圏なので、特に粉もの系の小吃が幅を利かせている。

どれも地味ではあるが、地味なものにこそ滋味がある。いざ現地で食べてみたところ、僕はその旨さと奥深さに驚かされた。中でも、とある粉ものを食べる過程が、西安人同士の社交の手段にまで昇華されていることを知ったときは、開いた口がふさがらなかった。

これだけでは何を言っているか分からないだろうから、是非本章をご覧頂きたい。中国が世界に誇る「千年古都」の不思議な食文化に、きっと皆さんも魅了されるに違いない。

◉𰻞𰻞麺（陝西式超幅広ぶっかけうどん）――ビャンビャン暴れる一反木綿

𰻞《ビアン》𰻞《ビアン》麺《ミエン》は、西安市を含む関中（地域名）の名物料理だ。

味よりも先に、名前に注目が集まりがちな料理である。その理由は、言わずもがな。初めて見たら思わず誰もが二度見する、この「𰻞」の字にある。

全五十七画（五十六画、五十八画とする説もある）。関中にのみ伝わる方言字で、こんなに複雑なのに、この麺にしか使われないという意味不明さである。この文字を書くための覚え歌が少なくとも六種類以上存在するそうだが、覚えても使い道がなさすぎてつらい。

この文字の成立過程には、謎が多い。封建時代の名もなき書生が作ったとか、秦の宰相・李《り》斯《し》が発明したとか、様々な説があるが、どれも後付け感が強い。近代以前の文献にこの文字が見当たらないことから、そう遠くない昔に麺屋が宣伝のために作り出したのではないかという

謎の名前を持つ𰻞𰻞麺。

𰻞の字。専門店で撮影。

説もあるほどだ。

読み方も独特だ。陝西方言特有の発音で、普通話《プートンホア》（標準中国語）では発音できない。日本では「ビャンビャン麺」という表記が広まりつつあるが、片仮名で書くなら「ビアンビアン」の方が実際の音に近いようだ。

では、「ビアンビアン」が何を意味するかと言えば、これもはっきり分からない。基本的には擬音のようで、①麺を湯に放り込む音、②麺を咀嚼する音、③麺を打つ音、などの説がある。僕としては③の説が一番それらしく思えるが、どうだろう。

文字も発音も奇抜なので、近年、中国国内では高い知名度を得ている。仮に昔の麺屋が宣伝のために作ったという説が正しいとするなら、そのマーケティング戦略は大成功を収めたと言えそうだ。

𰻞𰻞麺の特色は、麺の形状にある。まるで一反木綿のようで、きしめんより幅が広く、長い。結構な厚みがあり、歯応えはむっちりとしている。小麦粉を練った生地をいくつかの塊に分け、麺棒で牛の舌のような形にのしたあと、両端を手で引っ張って伸ばすのだそうだ。

食べ方は色々あって、汁麺にもするし、和え麺にもする。和え麺にかける具は、西紅柿炒蛋《シーホンシィチャオダン》（トマトと卵の炒めもの）、腊汁肉《ラージィロウ》（豚肉のトロトロ煮込み）、肉臊子《ロウサオズ》（黒酢や漢方食材で炒め煮にした賽の目切りの豚肉）、炸醬《ジャージャン》（豚の肉味噌）あたりが定番で、その全てをいっぺんにぶっかける豪華版もある。だが、僕のイチオシは、最もシンプルな「油潑《ヨウポー》」だ。

一反木綿のような𰻞𰻞麺。すすらず、かじりつくのが正解だ。

油潑とは「油をぶっかける」という意味だ。茹でたての麺を碗に盛り、その上に刻んだ葱、塩、醤油、黒酢などと共に秦椒《チンジャオ》（陝西産の唐辛子）の粉をたっぷりとかける。そこに、煙が出るほど熱した菜種油をジュワーッとかけ回すのだ。碗からはパチパチッという音が鳴り響き、その音は碗が客のところに運ばれてくる段階でもまだ消えない。

碗から立ち昇るのは、香りの奔流だ。油の熱によってタレや薬味の香りが一気に高まり、鼻をくすぐる。碗の底から麺をかき混ぜると香りは更に強くなり、猛烈に食欲を刺激する。特筆すべきは、粉唐辛子の香りだ。陝西産の唐辛子は、辛味はそれほど強くない一方で、驚くほど華やかな香りを放つのである。

全体がまんべんなく混ざったら、一反木綿をガバリと頬張る。むっちりとした麺は、噛

油潑遷遷麵。後ろに見えるのは、麺の茹で汁（麺湯）だ。最後に飲むと、さっぱりする。

混ぜれば混ぜるほど美味しくなるので、しっかり混ぜよう。

粉唐辛子の華やかな香りが、素晴らしい。辛味を加えるばかりが唐辛子の役目ではない。

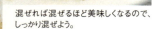

むたびに小麦の香りと甘味が広がる。その麺に菜種油の香ばしさ、醤油のコク、黒酢のまろやかな酸味、粉唐辛子の程よい辛味といったものがからみ、口の中に旨味が満ちていく。

油潑の具は至って質素で、せいぜい茹でた青菜と豆もやしが入る程度だ。だが、無念無想で箸を動かしているうちに、その質素さとは裏腹の満足感が身体一杯に広がっていく。毎回、気が付けば碗は空になっている。

シンプルな味わいの油潑こそ、遖遖麺、ひいては西安の麺の魅力を最もストレートに味わえるのではないかと思っている。

◉饃（小麦粉の主食）——ひたすらちぎれ！「バイモー」で世間と交わる

西安の食を語る上で決して欠かすことができないのが、饃《モー》。西安人の主食である。

饃《モー》は、小麦粉をこねた生地を茹でる以外の方法で加熱したもので、かつ、中に餡が入っていない食品の総称だ。大きさや形状、生地を発酵させるか否か、焼く、蒸す、揚げるといった加熱方法によって、種類が分かれる。食感だけ見ても、カリカリのもの、ふわふわのもの、もっちりしたもの、カチコチのものなど実に様々で、それぞれ食べ方も異なるのが面白い。ここでは饃を使った料理の代表選手に触れよう。

まずは、陝西式ハンバーガー・肉夾饃《ロウジアモー》。焼いた円盤型の饃に切れ目を入れて、豚三枚肉をトロトロに煮込んで細かく刻んだ腊汁肉《ラージイロウ》を挟む。八角や桂皮のほか様々な香料の風味が効いた豚三枚肉は果てしなく柔らかく、香ばしい生地に煮汁が染みて、とても旨い。

肉夾饃に使われる饃は、白吉饃《バイジーモー》という。発酵促進のため砂糖を加えた生地が特徴で、薄く細長く伸ばした生地を端からぐるぐると巻き、上からつぶして底の広いお碗型に成形する。鉄板でまずお碗の底を焼き、底に焼き色が付いたらお碗を円盤型につぶして全体を焼き、反対側も焼く。こうすることで、独特の焼き目が付く。

焼きたての白吉饃は、小麦の風味が豊か。表面はカリッと香ばしく、中は程よくもっちりしていて、ナポリピッツァのコルニチョーネ（ふちの部分）を思わせる。単体で食べても、実に旨い。

続いては、泡饃《パオモー》だ。西安に行ったら必食の小吃で、手で細かくちぎった饃を熱々のスープに入れて食べる。スープには様々な種類があり、それぞれが西安人のソウルフードだと言っていい。

泡饃の饃は、飥飥饃《トゥオトゥオモー》と呼ばれる。円盤状にこねた生地を、鉄板の上で何度もひっくり返しながら焼き上げる。無発酵生地で作るもの（硬麺饃《インミエンモー》、定麺饃《ディンミエンモー》）と無発酵生地に発酵生地を混ぜるもの（軟麺饃《ルアンミエンモー》）の二種類があり、前者の方が硬い。西安人は、スープの種類によって饃を使い分けるのである。

僕が度肝を抜かれたのは、饃を手でちぎる掰饃《バイモー》という行為そのものだ。饃をちぎる理由は、

西安の街角には饃の専門店がたくさんある。回族の少年が焼き具合を見ていた。

これが肉夾饃。豚肉以外は何も入らない硬派なハンバーガー。

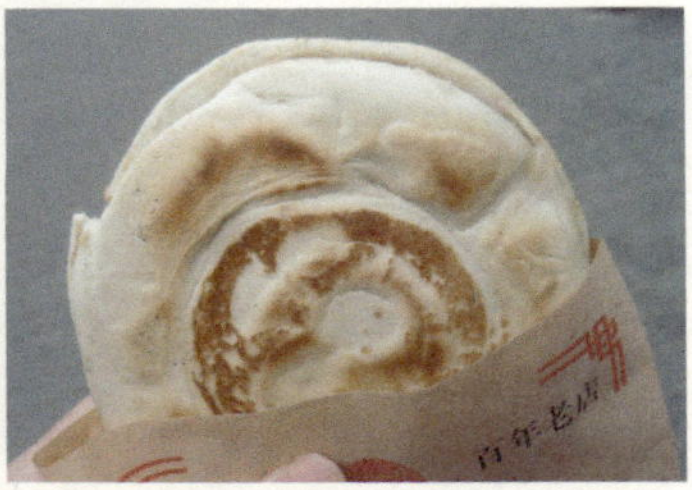

白吉饃。この焼き目には、「鉄圏虎背菊花心」というやたら格好いい名前がついている。

飥飥饃の硬麺饃。パンのような見た目ではあるが、その実、かなり硬い。

こちらは、軟麺饃。見た目は似ているが、ふわっと柔らかい。

スープの味を饃に染み込みやすくするためであるが、ちぎる細かさが尋常ではない。円盤状の饃をいくつかに割って、それぞれを内側から二つに裂く。裂いた塊を片手で持ち、もう片方の手で細かくちぎっていく。ちぎってちぎってちぎってちぎる。それはもう実に執拗で、直径十〜十五センチの饃を小指の爪ほどのサイズにまでバラバラにするのである。

しかも、饃をちぎるのは、客の役目なのだ。飥飥饃（特に、無発酵生地）はみっしりと硬い。半分に折るにも力が要るし、それを細かくちぎるには指先に力を入れ続けねばならない。結構な重労働なのだが、西安人にとってはお茶の子さいさいで、みな周囲の仲間と談笑しながら、手元も見ずにすいすいとバイモーを進めていく。

完全にバイモーを終えるまで、どのくらいの時間がかかるのだろうか。西安には「バイモー二時間、食べるのは十数分」なんて俗語もあるそうだが、それはさすがに大げさとして、西安人でも優に十分から二十分はかけていたように思う。

そして、なんとも驚くべきことに、このバイモーの時間こそが、西安人の社交の手段なのだそうだ。彼らにとって、泡饃は毎朝のように食べるもの。馴染みの店で常連同士が顔を突き合わせてバイモーをしていれば、会話が生まれるのは自然なことだと理解はできる。だが、酒や茶を飲むのではなく、パンのようなものをちぎることが社交の手段になるとは……。世の中は広いと思わされた次第だ。

西安を訪れたら、是非ともバイモーに挑戦して欲しい。あらかじめちぎったものを準備して

碗の中に饃をちぎり入れていく。見た目以上に力のいる作業だ。

ちぎった饃のサイズに性格が出る。理想のサイズは「大豆」「ピーナッツ」「蠅（蜂）の頭」などに例えられる。

相席になった客たちは、バイモーをしながら世間話に興じる。

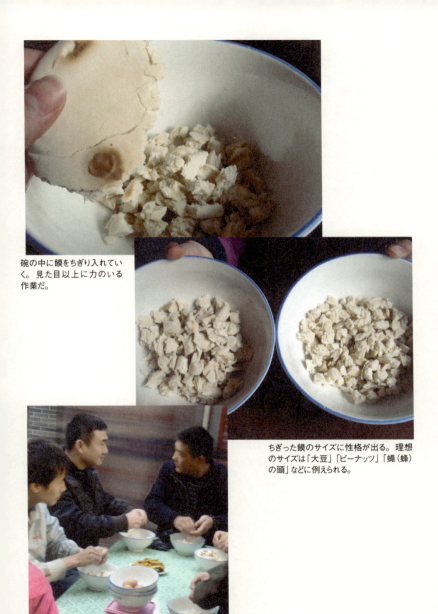

いる店もあるが、それは主に観光客向けだ。最初はへとへとになるだろうが、みっしりとした饃を手でちぎる触感も、そこにかける時間すらも、泡饃の味のうちだと思えば、頑張れるはずだ。料理は舌だけで味わうものではないのである。

このように、単に主食だけの地位にとどまらず、社交の手段にすらなっている饃。では、バイモーの苦労はどのような形で報われるのか。それは次項でご覧いただこう。

◉泡饃（モーのスープ煮）――「バイモー」に励んだ者こそが報われる

前項で触れた通り、泡饃《パオモー》は、バイモーで細かくちぎった饃を熱々のスープに浸して食べる小吃だ。数ある泡饃料理の中でも最も知名度が高いのが、羊肉泡饃《ヤンロウパオモー》である。

羊の骨・肉・脂をダシとして、花椒・小茴香・桂皮・草果・八角などの香料と共に八時間ほどかけて煮込んだスープは、濃厚かつ香り高い。味付けは塩だけという潔さが、スープの風味を引き立てている。

具は、羊肉を中心として、春雨や大蒜の葉など。程よく脂身がついた羊肉は分厚くてもトロトロと柔らかく、脂までもが甘い。スープを吸ってもまだシコシコしている春雨も、いい仕事をしている。

苦労してちぎった饃は、驚きの旨さだ。饃のひとつひとつが芯までスープを吸い込んでい

羊肉泡饃（ヤンロウパオモー）。バイモーの苦労が報われるときがやってきた！
とろける肉。濃厚なスープを吸った春雨と饃（モー）。旨い。

る。それでいてモチモチした食感があって、小麦の香りと味わいをしっかり感じられる。元々がカチコチだからこそ、細かくちぎっても食感が失われない。逆に言えば、細かくちぎらないと、スープが染み込まない。自分自身の仕事の細かさが、味に直結するのだ。バイモーを頑張れば頑張った分だけ見返りがある。それが、泡饃だ。

尚、長い時間をかけて饃をちぎり終えても、すぐに泡饃にありつけるわけではない。なんと、ちぎった饃は一旦厨房に返すのだ。

厨房では小鍋で煮立てた熱々のスープを饃が入った碗に注ぎ入れ、スープだけを小鍋に戻して再び碗に注ぎ入れるという作業を何度も繰り返す。そうすることで、硬い饃にスープが馴染んでいくのである。

泡饃の「泡《パオ》」とは「つける、ひたす」という意味だが、実際の作り方は「煮る」に近い。饃をちぎり始めてから泡饃を食べ始めるまで、早くても二十〜三十分はかかる。一見、ファストフードのように見えて、その実、しっかり時間をかけて楽しむ料理なのだ。

そして、羊肉泡饃と並ぶ「泡饃」界の二大巨頭が、牛肉泡饃《ニウロウパオモー》だ。材料が羊から牛に変わるだけではあるが、肉の香りと味わいが変われば、全くの別物になる。いずれも甲乙付けがたい美味だったので、胃袋に無理をさせてでも、両方試すのが正解だ。

両者に知名度は劣るが、僕が大いに気に入ったのが小炒泡饃《シャオチャオパオモー》だ。小炒は「五目炒め」といった意味で、具は賽の目切りの牛肉、トマト、卵、葱、青菜、腐竹《フージュー》（乾燥湯葉）、豆腐干《ドウフガン》（押し豆腐）、春雨、木耳、ヒラタケ、黄花菜《ホアンホアツァイ》（干したホンカンゾウ）と、とにかく豊富。これらが陝西省ならではの油潑辣子《ヨウポーラーズ》（ラー油）と黒酢で炒められ、実にそそる「酸辣《スアンラー》」味になっていた。

さて、これまで紹介した三つの泡饃は、回《ホイ》族の小吃とされている。しかし、泡饃は回族だけの専売特許ではない。豚を使った漢族の泡饃もあって、葫蘆頭《フールートウ》はその代表格だ。

具は豚のダイチョウを主役として、春雨、葱、香菜が脇を固める。豚肉や鶏肉も入った豪華版もある。むっちょりとして旨味たっぷりのダイチョウにはご馳走感があって、モツ好きには

牛肉泡饃（ニウロウパオモー）。こちらも旨い！

小炒泡饃（シャオチャオパオモー）は、豊富な具が嬉しい。
泡饃界の「完全食」だ。

モツ好きにはこれ！　葫蘆頭（フールートウ）。

野菜たっぷりの胡辣湯（フーラータン）。とろみと辛さで、身体が芯から温まる。

大きくちぎった饃を浸しながら食べる。

お勧めの一品だ。

　ところで、前項で「西安人は、スープの種類によって饃を使い分ける」と書いたのをご記憶だろうか。その一例として、無発酵生地で作るカチカチの饃ではなく、半発酵生地の柔らかい饃を使う泡饃の仲間も紹介しておきたい。

　その名は、胡辣湯《フーラータン》。とろみのついたスープには胡椒と油潑辣子の香りと辛味が効いていて、牛肉の肉丸《ロウワン》（肉団子）のほか、人参、キャベツ、じゃが芋、カリフラワー、ペポカボチャがゴロゴロ入っている。

　この料理の場合、事前のバイモーは必要ない。スープの碗と共に渡される饃をその場で適当にちぎり、スープに浸しながら食べる。柔らかい饃は、多少大きくちぎってもスープに馴染む。また、スープにとろみがついているので、饃にからみやすい。柔らかい饃と胡辣湯がセットになっている理由が、食べているうちに自然と腑に落ちるはずだ。

なお、一般的に泡饃の専門店は、毎日夜中からスープを煮込み始め、客はできたてのスープを求めて早朝の開店時間に合わせて集まってくる。午前中には売り切れ仕舞いになる店も多いので、行くなら朝だ。冬の西安の朝は痺れるように寒いが、ご心配なく。熱々の泡饃が、身も心も温めてくれることだろう。

今回はひとつの都市から三つの料理を選ぶという原則に反してあれこれ紹介してみたが、そうせざるを得なかったほど饃の世界は奥深い。他にも様々な饃があり、果てしない数の饃料理がある。皆さんも現地に飛んで、その一端に触れてみては如何だろう。

column 4

「美味しさ」の見つけ方

「中国の地方旅行で、どうやって美味しい店や料理を探すのか」と聞かれることがある。これは難しい問題だが、まず大事なのは、「美味しさの基準」をどこに置くかではないか。

変なことを言い出したな、と思うかもしれない。しかし、美味しさの基準は、その人の好みや経験によって大きく異なる。例えば、中華料理ビギナーが本場の四川料理を食べたら、「辛過ぎる！　舌が痺れる！　殺す気か！」となって、美味しさを感じる余裕など全くないだろう。

僕が旅先の料理に求める「美味しさの基準」は、単純に自分が美味しいと感じる味ではなく、「その土地の味」。その中でも、昔ながらの味」だ。例え最初はその味に馴染めなかったとしても、「これも現地の味だし」と何度か食べていると、急にその良さが分かることがある。経験によって味覚の幅が広がるのを実感する瞬間。そして、中国の歴史と風土が生んだ味をこの身に取り込んだと思える瞬間。僕にとっては、その時に感じる美味しさこそが至上のものなのだ。

そして、「昔ながらの現地味」を目指すべき美味しさに据えると、出発前の準備が重要になってくる。外国人が何の準備もせずに知らない土地を歩き回ったところで、目的を果たせる可能性は低いからだ。いやまあ、単に自分が旨いと思う料理に出合える可能性ならあるだろうが、例えばそれは、日本に来た外国人観光客が東京でチェーン店のたこ焼きに「最高！」と言うような、地元民から見たら「それはそれで旨いけど、もっと色々あるよ!?」と言いたくなる結果に終わりがちである。

では、出発前の準備とは何かと言えば、面白味のない話ではあるが、「地道な事前調査」に尽きる。その土地の名物料理は何か？　その料理の歴史は？　昔ながらの作り方は？　どこへ行けば食べられるのか？　候補店の評判は？　食事回数が限られているならどの名物料理を優先するのか？……など、書籍、ウェブ、人の伝手を駆使して情報を集め、計画を立てていく。

事前調査の手段が限られていた昔は、現地に入ってから本屋に駆け込んで地元でしか売っていない情報誌を探したり、駅や空港で買った地図の片隅に書かれた郷土料理の紹介を基に聞き込みをしたり、実際に色々なレストランの前まで行って「品書きに○○はあるが△△がない」「地元民らしき客は多いね」などと協議したりしていたが、今は相当な辺境でもインターネットの口コミサイトである程度の情報を集めることができるようになった。

しかし、ここでも注意が必要で、間違っても口コミサイトの点数評価を鵜呑みにしてはいけない。何故なら、一般的に人間は食べ慣れたものを美味しいと感じやすい。それは中国人も同じで、自分の故郷の料理を最も愛し、他地域の料理には否定的な人が結構いる。甘い料理で育った上海人が「辛すぎる」と四川料理店を貶したり、その逆に、四川人が「甘すぎる」と上海料理店を馬鹿にしたりする不幸な例が無数にあって、口コミサイトの点数評価はそういう理不尽な評価の集合体に過ぎないからだ。まあ、同じことは日本の口コミサイトにも言えるが、中国は国土が大きく、地域ごとの違いも大きい分、理不尽の度合いも大きくなる印象がある。

こういう点数評価に惑わされないためには、評価コメントを一つ一つ読み込む必要がある。狙い目はもちろん、地元民のコメントだ。その中でも、郷土料理の知識が豊富で、評価に妥当性がありそうな人を探していく。また、それと同時に否定的なコメントにも目を配る。今どき、目新しい料理や濃い味付けが好まれがちなのは、万国共通。それとは逆の方向にある「昔ながらの現地味」を求める身には、逆張りも有効な手になるのだ。つまり、「メニューに新鮮味がない。家でも食べられそうな料理ばかり」「味が薄い。ぼんやりとしている」といったコメントがあれば、「じゃあ、敢えて行ってみよう」と考えるのである。その意味では、上述した他地域出身者の理不尽なコメントも、「むしろこの店は本格的かも」と判断する材料になる。

因みに、地元民に案内してもらうという一見最適解に思える方法は、割とリスクがある。何故なら、全ての地元民が郷土料理に詳しいわけではないし、昔ながらの味に価値を置いているわけでもないからだ。相手におんぶにだっこの姿勢で店選びを任せると、その土地で最近流行っている「コレジャナイ」感じの店や、あろうことか他地域料理の店へ連れて行かれる可能性も低くないのである。

なんだか性格が悪いことを書いている自覚はあるが、これらは長年の経験から得た、個人的には打率が高い調査方法だと言っておこう。そして、いつも旅の数週間前からこういった事前調査を延々と行うので、出発時は常に疲弊している（笑）。

でも、事前調査の効果は絶大だ。僕の場合、単に食べたいと思った料理を確実に食べられるようになったというだけでなく、旅の後にあれを食べておけば良かったと後悔することが減った。店の品書きに惑わされてその土地とは別地域の料理を頼んでしまうようなこともなくなったし、逆に店頭の品書きから「ここは郷土料理にこだわりを持っていそう」と当たりを付けることもできるようになった。

また、レストランなどない辺境の農村でも、事前調査は有用だった。その土地の食文化に関する知識があれば、村内を歩いているときに「この民宿は軒先でアヒルを干しているので、あのアヒル料理があるかもしれない」といった発想が生まれたし、民宿の女将がオススメ料理（値段が高いだけの料理も含む）を列挙する中から、現地ならではの食材を使った未知の料理を選び取ることもできた。

更に、事前調査が旅先での出合いをより豊かにしてくれたこともある。中国人は愛郷心が強い人が多いだけに、自分の故郷に関心を持っている外国人にはすこぶる優しい。この人は旨いものを知っていそうだと見定めた相手にマイナーな郷土料理の名を出したら、「なんで日本人が○○を知っているんだ。○○を食べるなら絶対こへ行くべきだ」と紹介してくれたり、「あっちの店も美味しいよ。今度は時季を変えて△△も食べに来るべきね！」と教えてくれたりということが、これまで何度もあった。

そして、最後に強調しておきたいのは、この事前調査こそが、未知の料理を受け止めるための準備体操になるということだ。世の中の拒絶、偏見、反発、不寛容、嫌悪感は、大抵は対象を知らないことから生まれる。その料理の背後に潜む歴史や文化をあらかじめ知っていれば、仮に一食では理解しがたい料理に出合ったとしても、「これはこれだよな」と受け止めやすくなるのである。

このように旅をしてきた結果、中国各地の「昔ながらの現地味」が「自分が美味しいと感じる味」へと組み込まれ、自分の中の「美味しさの基準」の厚みが増し、それが次の旅で新たに幸せな出合いを生む下地になってきたのではないかと思っている。

こう振り返ってみると、「どうやって美味しい店や料理を探すのか」という冒頭の問いかけに答えるのはやっぱり難しい。少なくとも、美味しい店も料理も勝手に空から降ってくるわけではない。せいぜい人事を尽くしたつもりになって、天命を待つほかないのである。

08 青島市

山東省

日本では青島《チンダオ》ビールでお馴染みの山東省青島市《チンダオ》が、第八章の舞台となる。山東半島の南側の付け根に位置し、黄海に面した風光明媚な土地だ。近代に至るまで小さな漁村に過ぎなかったが、改革開放後に地の利を活かして急速な発展を遂げ、今や人口・経済規模ともに省都の済南をしのぎ、全国でも有数の現代的な港湾都市に成長した。

そして、かつてドイツの租借地であった過去が、他都市とは異なる独自の色彩を青島に与えている。青島市内には当時建てられた教会や西洋建築が今も多数残っており、青い海と空の間に赤い屋根とクリーム色の壁の西洋建築が建ち並ぶ様子は、一見ここはヨーロッパの都市かと見紛うような異国情緒にあふれている。

あの青島ビールも、ドイツの租借地時代の遺産だ。青島で初めてビールが醸造されてから百十余年、今やビールはすっかり青島人の生活に溶け込み、中国広しといえども青島にしかない独自のビール文化が花開いている。そのビールと共に味わうべき料理も、実に魅力的だ。粉ものを得意とする素朴な山東料理がベースでありつつも、目の前の海で採れる多種多様な海鮮が、この街の食文化に華やかな彩りを添えている。

ご想像頂きたい。異国情緒あふれる海風の街で、歴史が香るビールと共に味わう新鮮な海鮮

てもらえるよう青島で食べるべき料理を選んでみたので、ビール片手にご覧頂きたい。その興味を更にふくらませ料理。これだけでも、青島への興味が湧いてきはしないだろうか。

◉鮁魚水餃（サワラ餡の巨大水餃子）——水餃子界のサイコ・ガンダム

中国北方の水餃《シュイジャオ》（水餃子）がとてつもなく旨いことは、皆さんきっとご存じだろう。え、ご存じない？　ならば今すぐ食べに行ってください、人生損していますよ……と言いたくなるくらい旨いので、まずはその魅力を語らせて頂こう。

茹でたて熱々の水餃子が山のように盛られた光景は、僕にとって幸福の象徴だ。山からほわほわと立ち昇る湯気を見てゴクリと喉をならしつつ、小皿を黒酢で満たす。本章の舞台である山東省の場合、そこにさらに刻んだにんにくをたっぷり入れる。

黒酢ダレに水餃子をドプリとつけて、ガバリと頬張る。つやつやと艶めかしく光る白い皮は、しっかりと厚い。中からほとばしる汁気の熱さに目を白黒させながらもハフハフ噛み続けていると、もっちりとした歯応えとともに、小麦粉本来の風味が広がってくる。そう、皮は餡を包むだけの脇役ではない。皮自体が主役級のご馳走なのだ。厚い皮は腹にたまりそうなものなのに、つるりつるりと胃袋に収まっていくのだから不思議である。

だが、皮が主役だと言っても、決して餡が軽視されているわけではない。むしろ、餡の種類

鮁魚水餃。海沿いの街ならではの水餃子だ。

平皿にどさっと盛られた水餃子。この飾り気のなさがいい。

鮁魚水餃は、大きさも特徴のひとつ。水餃子界のサイコ・ガンダムだ。

は驚くほど豊富だ。豚肉・牛肉・羊肉の三種をベースとして、白菜・ニラ・ウイキョウ・中国セロリ・人参・ペポカボチャなど様々な野菜を組み合わせる。卵とトマトやニラを組み合わせる肉なし餡もある。

　更に、青島のような海沿いの地域では、魚介類を餡にした海鮮水餃《ハイシエンシュイジャオ》（海鮮水餃子）も豊富だ。例えば、左頁の写真は白色が白身魚、黄色が黄魚《ホアンユィ》（イシモチ）、黒色が墨魚《モーユィ》（コウイカ）、薄紅色が蝦仁《シアレン》（エビ）、緑色が蝦虎《シアフー》（シャコ）の餡入りだ。一見、見ため重視で味は二の次のようにも見えるが、こういう水餃子もちゃんと美味しいのが、青島の実力である。

　その中でも特徴的な存在が、鮁魚水餃《バーユィシュイジャオ》。鮁魚とはサワラのことだ。サワラは中国沿岸で広く漁獲されているが、山東省の膠東半島（青島のほか、煙台・威海・濰坊など）では、とりわけよく食べられている。

　青島には、旬のサワラを既婚男性が義父に贈る習慣があるそうだ。「穀雨到、鮁魚跳、丈人笑（穀雨〈例年四月二十日頃〉になると、サワラが旬を迎え、サワラをもらった義父が喜ぶ）」という成語まであって、青島におけるサワラの重要性が分かる。

　そのサワラの身をよく叩き、豚肉とニラを合わせて餡にした水餃子が、鮁魚水餃だ。面白いことに、大抵は一般的な水餃子より大ぶりで、ときには何倍もの大きさになる。その大きさたるや、まるで水餃子界のサイコ・ガンダムだ。

　驚きつつ熱々のカタマリを頬張ると、今度はふわふわと柔らかな餡の食感に驚く。餡を作る

カラフルな海鮮水餃。皮の色は天然素材で色付けしている。

三鮮蝦蝦水餃は、天然の蝦蝦（サルエビ）と豚ひき肉とニラの餡。エビの甘味がおいしい。

墨魚水餃。イカの墨で真っ黒く染めた皮の中には、真っ白なイカとニラの餡。見掛け倒しではない美味しさ。

ウニがぎっしり詰まった海胆水餃。
そりゃあ旨いです。旨いですよ。

ときに少しずつ水を加えながら材料を練っていくことで、この不思議な歯応えが生まれるそうだ。サワラのあっさりした旨味に、豚肉のコクとニラの風味が加わり、地味ながらも実に旨い。肉だけをベースとした餡とは異なる軽やかでジューシーな美味しさに舌鼓を打つうちに、巨大な水餃子は次から次へと姿を消していくことになる。

皆さんも青島へ飛んで、鮁魚水餃や海鮮水餃を口一杯に頬張る幸せを味わってみては如何だろう。ただでさえ旨い中国北方の水餃子に、とれたての新鮮な魚介類が加わるのだから、どの餡を選んでも間違いなく美味しい。それが山盛りになっているのだから、幸せもここに極まりというものだ。

●辣炒蛤蜊（アサリの辛味炒め）——アサリがないと落ち着かない!?

「青島に来たら、まずは蛤蜊《ガーリー》を食べないと！」

青島人に青島のお勧め料理を尋ねたら、百人が百人言うであろう言葉だ。蛤蜊とは、アサリのこと。「なーんだ、アサリか」などと言うことなかれ。アサリは青島人のソウルフードなのだ。僕ら日本人だってアサリを食べるが、彼らがアサリに対して抱く思い入れの深さは、僕らの想像を遥かに超えている。

かつて知人の青島人は言ったものだ。「とにかく青島人はアサリがないと落ち着かないんだ。

一年中いつでも食べるし、旬の春ともなれば毎食のように食べる（筆者注：毎日ではなく毎食であることに注目）。海外出張に行くときは、アサリを冷凍して持っていく奴もいるくらいさ。どこに行っても、茹でるだけで食べられるだろ？」と、こんな具合だった。青島のアサリには何か中毒物質でも入っているのだろうか（笑）。

　ともあれ、それほどまでに愛するアサリをどのように食べるのかといえば、誰に聞いても真っ先に名が挙がるのが辣炒蛤蜊《ラーチャオガーリー》（アサリの辛味炒め）だ。鍋に油を熱し、干し唐辛子と葱・

青島人のソウルフード・辣炒蛤蜊。とにかくどっさり出てくる。

青島人は、アサリなしには生きられない。

いただきます！　熱々をじゅるり！

生姜・大蒜などの薬味を入れて香りを出したところにアサリをどさっと投じて炒め合わせ、殻が開くまで加熱すればできあがりだ。

単純極まりない料理ではある。だが、まずはその量に驚かされる。どの店で食べても、大抵は山盛りで出てくる。以前一人で青島へ出張したとき、ヒマつぶしに殻の数を数えてみたところ（本当にヒマですね）、なんと百五十個以上あった。皆さんは一度に百五十個のアサリを食べたことがあるだろうか。ないと思うが、青島ではこれが基本の量なのだ。

しかも、安い。日本ではアサリも結構なお値段になってしまったけれど、青島ではレストランで山盛りのアサリを食べてもいくらもしない。「なるほど、これなら毎日でも食べられるな、うわはははは」と、食べる前から笑いが止まらなくなってしまう。

さあ食べよう。ぶわんぶわんと湯気を立てるアサリの山を、頂上からガサリと崩す。殻の中にはぷっくりと太った身が鎮座していて、これが汁気と油が混じり合ったタレをまとい、てらてらと輝いている。そのタレごと、じゅるりと殻をすする。

旨い。そのまま二つ目、三つ目に手を伸ばし、次々にすする。さすがはアサリを愛する土地柄だけあって、砂抜きも完璧だ。口の中のアサリが増えていくにつれて、ムッチリとした身の食感と薬味の香りや刺激が溶け合って、豊かな味わいが口の中で渦巻く。

目尻を下げながら旨い旨いと食べ続けていると、やがて、干し唐辛子の辛味がじんわりと広がってくる。それほど激しさはないが、絶妙に食欲を刺激する塩梅で、このピリリとした辛味

これだ！　ビールだ！　たまらん！　止まらん！

が口の中に広がると、辣炒蛤蜊はもう一段旨くなる。なんだこれは。この旨さには、何かが必要なのではないか。……そうだ、ビールだ。よく冷えたビールだ！

そこで、傍らにある青島ビールの生をぐいっとあおる。わははは、たまらん、これぞマリアージュだ。青島のアサリには青島ビールが合うに決まっている。それ以外の飲み物は全て偽装結婚だ！

こうなるともう止まらない。右手にジョッキ、左手にはアサリの体勢で、決められた動きをインプットされたロボットのように、アサリをガツガツッと口に放り込み、ビールをぐいーっとあおる動作を繰り返すことになる。

狂乱の一時を経て、すっかり殻ばかりになった皿を見たとき、自然と理解が及ぶ。この料理は、量も味のうちだと。山盛りのアサりを大量のビールで流し込むからこそ得られる満足感が、確かにある。その満足感に身をゆだね、ふくらんだ腹をさする。

たかがアサリ、されどアサリ。食べる者の心をこれほどに捉えて離さぬアサリ料理もなかなかない。

◉青島啤酒海鮮盛宴（青島ビールと海鮮料理の宴）――極上の生ビールと海鮮が舞い踊る

中国には、水ビール（水のように薄いビール）しかない。もしそんな風に思っている人がいたら、今すぐ青島へ飛んで欲しい。

これまでも語ってきたように、青島はビールの街だ。白酒文化圏の山東省に位置するにもかかわらず、青島人にとって酒と言えばまずビールになる。今でこそ中国の大都市には店内で本格的なクラフトビールを醸すブルーパブがいくらでもあるけれど、そういうものが普及するはるか昔から、上質な生ビールを日常的に飲む文化が根付いているのが、青島なのだ。

その文化を育んできたのは、もちろん青島啤酒《チンダオピージウ》（青島ビール）だ。創業一九〇三年。当時ドイツの租借地だった青島で、ドイツの醸造技術を導入して生産が始まった。創業の地である登州路には今も煉瓦造りの工場があり、青島人はこの工場を「一廠《イーチャン》（第一工場）」と呼び、ここで生産されたビールには、他の工場で生産されたものより価値を置いている。

ビール缶型のタンクが印象的な「一廠」。

工場には青島啤酒博物館が併設されている。

タップから直接ビニール袋へビールを注いでくれる。

う、旨い——！

青島ビールの真価を味わうには、何をおいても生ビールだ。純生《チュンシェン》（ラガー）、原漿《ユエンジャン》（無濾過ラガー）、小麦《シャオマイ》（ヴァイツェン）、黒啤《ヘイピー》（デュンケル）などたくさんの種類があるが、僕のイチオシは原漿（無濾過ラガー）だ。初めて飲んだとき、僕は叫んだものである。「……え⁉　なにこれ旨い‼　普通の青島ビールと全然違う！」と。

やや白濁した黄色い液体は、フルーティーで豊かな香りが特徴。あまり苦味を感じさせずにスルリと喉を落ちていくが、シュワシュワと酵母がまだ生きている感覚があり、後からコクのある旨味と香りが口の中に広がる。いわゆる水ビールとは全く異なるリッチな味わいに驚いて目を丸くした僕を見て、知人の青島人はニヤリとした。彼曰く、旨さの秘密は鮮度。基本は出荷日当日飲み切りが前提の商品で、遠方出荷用の樽詰めですら、賞味期限はわずか六日間だとか。

「おれはこの原漿を毎日飲んでいる」と、例の青島人は胸を張った。青島の街を歩いていると、黄色い液体が入った透明なビニール袋をぶら下げている人々がやたらと目につくのだが、

海鮮料理屋にはずらりと水槽が並ぶ。

海鮮はどれも量り売り。

その袋の中身はなんと生ビールなのだ。青島には、生ビールを量り売りする小さなスタンドがあちこちにある。酒飲みの青島人ならば馴染みのスタンドで晩酌用のビールをビニール袋に注いでもらって持ち帰るのが日課だそうで、彼もその一人というわけである。

　では、この旨いビールにはどんな料理を合わせるべきだろうか。それはやはり、海鮮料理だろう。青島に星の数ほどある海鮮料理屋に飛び込めば、様々な魚介類が入った水槽がずらりと並んでいる。前項で紹介した辣炒蛤蜊（アサリの辛味炒め）は必ず頼んでもらうとして、あとは好きなものを選べばいい。とはいっても、旅行者にとって海鮮の注文はハードルが高いと思うので、ここで青島らしい海鮮料理を紹介しておこう。

　王道路線なら、ババンと豪華に伊勢海老を攻めよう。清蒸龍蝦《チンジェンロンシア》（伊勢海老の姿蒸し）は、誰もが喜ぶご馳走だ。

　見つけたら是非試してほしいのが、韮菜炒海腸《ジウツァイチャオハイチャン》（ニラとユムシの炒めもの）。見た目は醜いが、ユムシはムチリとして旨味たっぷり。味の濃いニラとはベストコンビ！

葱拌八帯（イイダコの冷菜）

清蒸龍蝦（伊勢海老の姿蒸し）

清蒸海星（ヒトデの姿蒸し）

韮菜炒海腸（ニラとユムシの炒めもの）

芙蓉海胆（ウニ茶碗蒸し）

塩水蝦虎（シャコの塩茹で）

蒜蓉粉絲蒸珍珠貝（タイラギと春雨の大蒜蒸し）

青島涼粉（青島式ところてん）

清蒸比目魚（ヒラメの姿蒸し）

塩水蝲蝦（サルエビの塩茹で）

ビールは1リットル入り！

姜葱炒梭子蟹（ワタリガニの生姜葱炒め）

シャコをガシガシ食べるのも楽しい。お勧めは、塩水蝦虎《イェンシュイシアフー》（シャコの塩茹で）。シャコ本来の味がよく分かる。

葱拌八帯《ツォンバンバーダイ》（イイダコの冷菜）は、サッと茹でたイイダコに白葱の辛味がピリリと効いた素晴らしい酒肴。

清蒸海星《チンジェンハイシン》（ヒトデの姿蒸し）は、脚を割って中の身を食べる。ズワイガニの蟹ミソをあっさりさせたような味わいだ。

芙蓉海胆《フーロンハイダン》は、殻を半分に割った生ウニに溶き卵を流し入れて蒸した茶碗蒸しだ。

箸休めにお勧めなのは、青島涼粉《チンダオリャンフェン》（青島式ところてん）。賽の目切りにしたところてんに、醤油・黒酢・胡麻油を合わせたタレが爽やか！

地物の海老を使った塩水蠣蝦《イェンシュイリーシア》（サルエビの塩茹で）は、派手さはないが、小味がある。ミソの味が濃く、ビールが進む！

姜葱炒梭子蟹《ジャンツォンチャオスオズシエ》（ワタリガニの生姜葱炒め）は、甘いカニの身に生姜と葱の風味がピタリと合う。

多彩な貝類も魅力的。蒜蓉粉絲蒸珍珠貝《スアンロンフェンスージェンジェンジューベイ》（タイラギと春雨の大蒜蒸し）は、ひたすらにビールを呼ぶ味だ。

魚の姿蒸しも、海沿いの街ならではの贅沢。清蒸比目魚《チンジェンビームーユィ》（ヒラメの姿蒸し）は、甘辛いタレがビールもご飯も呼ぶ。

キリがないので、このへんにしておこう。青島ビールと海鮮料理が目の前に揃ったら、あとは食欲を開放するだけだ。片っ端から料理を頬張り、一リットル入りのジョッキで原漿をグイグイあおる。そして、後半戦からは黒啤《ヘイピー》（デュンケル）で。黒ビールにしては軽めの飲み口なので、量をこなせる。

海鮮料理が旨い土地は中国でもあちこちにあるが、そこに文句なしに旨い生ビールが付いてくるところはなかなかないので、いつも以上にビールが進んでしまう。僕は青島に行くたびに酩酊し、ふくらみ切った腹をさすりながら、ふらふらとホテルへ帰るのが定番になっていた。満腹泥酔こそが、青島の醍醐味である。

なお、青島ビールと言うと、毎年八月に開催される青島ビール祭りが有名だが、ここだけの話、僕はお勧めしない。ビールも料理も割高だし、この時期は航空券やホテルまで高く付く。それなのに、会場に殺到する客をさばくためか、あらかじめ注ぎ置きしたビールや冷め切って鮮度もイマイチな海鮮料理を出す店が少なくない。

美味しい青島ビールと海鮮料理を味わうならば、むしろ青島ビール祭りの時期を外して行くことをお勧めしておきたい。

レシピ④　作って食べよう

青島料理

青島菜

辣炒蛤蜊

（アサリの辛味炒め）

用料（材料）

アサリ……500g
炒め油……大さじ2

薬味

干し唐辛子……ひとつかみ
大蒜（にんにく）……5～6片
生姜……2片
白葱……10cm程度

做法（手順）

1 下準備をする

アサリは砂抜き・塩抜きして、殻をこすり合わせてよく洗う。干し唐辛子はぶつ切りに（種は捨てない）、大蒜・生姜は粗みじんに、白葱は斜め薄切りにする。

2 炒める

中華鍋を中火で熱し、炒め油を入れ、干し唐辛子を種ごと入れる。香りが立ったらその他の薬味を入れ、炒め合わせる。

3 蒸し焼きにする

アサリを入れて炒め合わせたら、蓋をする。アサリの口が開いたら、全体を混ぜ合わせる。

温馨提示
（アドバイス）

味付けをせず、水気も足さない。これぞ「原汁原味（素材そのものの味）」の真骨頂だ。

・アサリの砂抜きだけでなく、塩抜きをしっかりする
——しょっぱいとしょんぼり。

・干し唐辛子・大蒜・生姜・白葱はたっぷり入れる
——薬味の風味が食欲を刺激するのだ。

09

桂林市

広西チワン族自治区

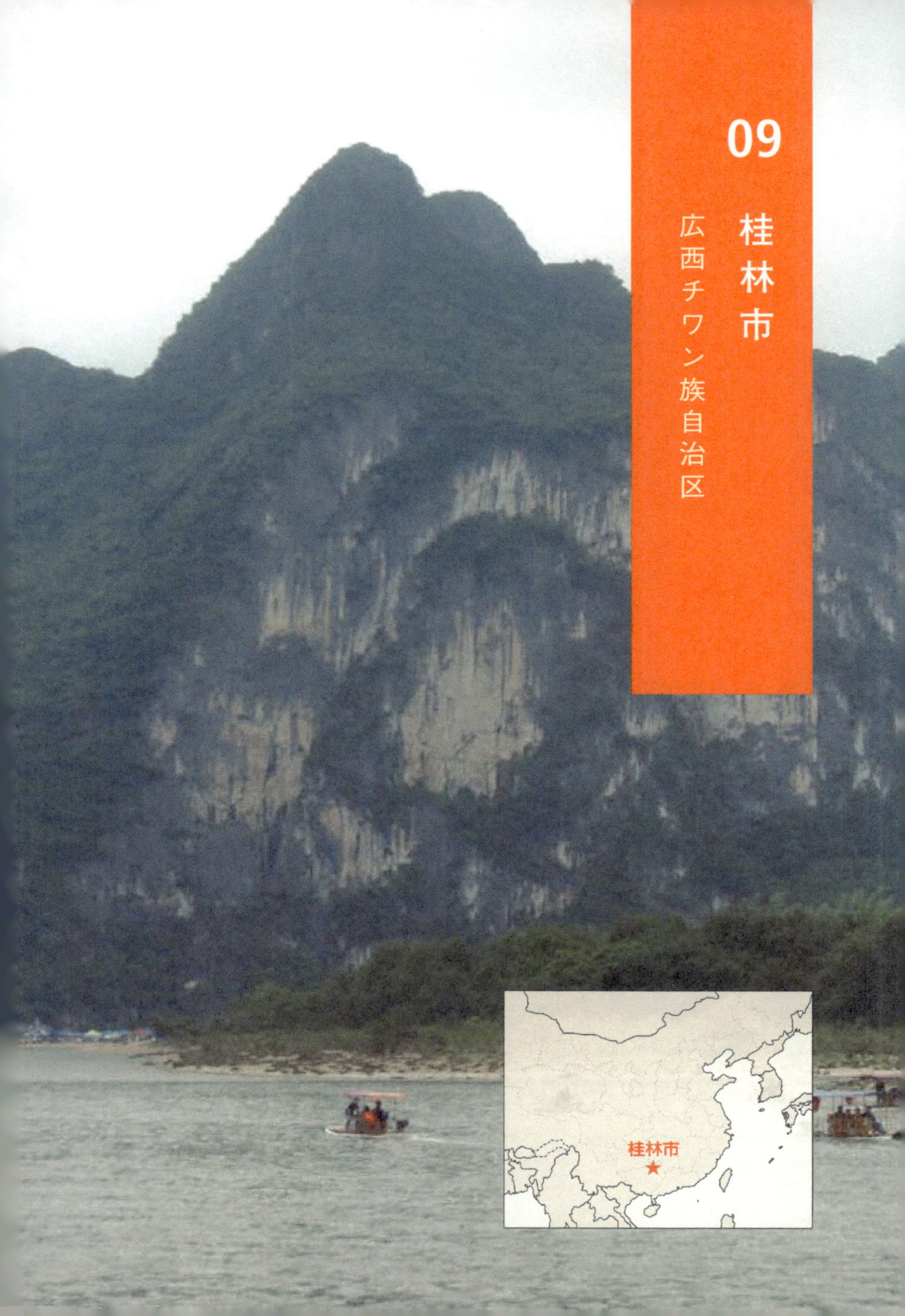

第九章は、広西チワン族自治区の桂林《グイリン》市にお出まし願うことにした。風光明媚な景観を求めて、世界中から観光客が集まる中国でも有数の観光地だ。壮大な自然があちこちにある中国においても、桂林の存在は別格で、「桂林山水甲天下（桂林の自然は天下一）」という言葉で称えられている。

　タワーカルストと呼ばれる柱のような形の山が街中にも林立する様子は、他では見ることができない奇観だ。観光のハイライトは漓江《リージャン》下りで、桂林市街から下流の終着点・陽朔《ヤンシュオ》までの四時間半に及ぶ航程では、「水墨画のような」という陳腐な形容がそのまま当てはまる光景が延々と続く。それはもう圧巻のひと言で、普段、観光にはそれほど熱意がない自分でも驚くほど素直に感動した覚えがある。

　しかし、観光地としての知名度とは裏腹に、桂林の料理、ひいては広西チワン族自治区の料理というと、日本での知名度は無きに等しいのではないだろうか。正直に言えば、中国国内での知名度も決して高いとは言えない。

　それが僕には悔しい。豊富な山と川の幸を豪快に用いた料理は、唐辛子の辛味と発酵食品の香り・旨味・酸味を活かした味付けが特徴的で、新鮮な魅力に溢れている。初めて食べるとき

は未知の味わいに驚くかもしれないが、慣れれば病み付きになること請け合いだ。僕なんて、料理だけを目的として桂林を再訪してしまったほどである。

本章で、その魅力が少しでも伝わるなら嬉しい。とりあえず、最初に大きな声で言っておく。

「桂林に行って、景色だけ見て帰ってくるなんてもったいない！」と。

◉啤酒魚（揚げ魚のビール煮込み）——鱗まで旨いスパイシー川魚

啤酒魚《ピージウユイ》は、漓江下りの終着点である桂林市陽朔県の名物料理だ。もし陽朔に行って啤酒魚を食べずに帰ってきた人がいるなら、その人はよほどの天の邪鬼に違いない。何故なら、陽朔は村全体が「啤酒魚を喰え～」「必ず喰え～」と訴えかけてくるところだからだ。

なにせ、村の至るところに「啤酒魚」の看板がある。あっちの店もこっちの店も、とにかく全部「啤酒魚」。お洒落なカフェも、小さな屋台も、猫も杓子も「啤酒魚」。陽朔で「啤酒魚」を食べない者は人にあらず。そう言わんばかりの勢いで、「啤酒魚」の三文字が訪れる者の視界を埋め尽くすのである。

その正体は、揚げ魚のビール煮込みだ。まず、桂林特産の山茶油《シャンチャアヨウ》（カメリアオイル）で鱗がついたままの川魚を丸ごと揚げ焼きにする。両面の鱗が反り返ってパリパリになるくらいこんがり焼いたら、葱・生姜・大蒜・醤油などを投じて香りを出し、赤・緑の二種類の生唐辛子と

迫力満点の啤酒魚。

トマトを加える。そこにビールをどぼどぼと注ぎ、蓋をして煮込んでいく。

魚は、漓江で獲れた川魚を用いるのが基本だ。一番安いのは鯉魚《リーユィ》（コイ）で、竹魚《ジューユィ》（コイ系）、剣骨魚《ジエングーユィ》（ナマズ系）、毛骨魚《マオグーユィ》（これもナマズ系）といった選択肢がある。一般的に、コイ系よりナマズ系の方が身質は柔らかくなるが、どちらも美味いので、好みと予算で選べばいい。

ビールを使うところからしてそれほど古い料理ではないはずだが、その起源はよく分からない。啤酒魚の専門店は何故かどこも「〇〇おばちゃんの啤酒魚」「△△おじちゃんの啤酒魚」といった店名で、恐らくはその中のどれかが最初に啤酒魚を考案し、他の店が後追いしたのだと思われる。しかし、今やどの店もが「元祖」や「正統」を名乗っており、訳が分からないことになっている（笑）。

まあ、旨ければいいではないか。重さ一キロを超える魚を丸ごと使うだけあって、迫力は満点。巨大な皿からは芳ばしい香りがぶわわんと立ち昇ってきて、何とも食欲をそそる。

さあ、いただきます！　葱・生姜・大蒜の風味に醤油と山茶油のコクが合わされば、何を煮込んでも旨くなって当然だが、主役の川魚がとても美味しい。柔らかな身はもちろん、鱗にまで味がよく染み込んでいる。川魚の鱗がこんなに美味しく食べられるとは知らなかった。

さらに、生唐辛子の辛味がしっかり効いているのがいい。こっくりとした味付けの魚にピリリとした辛味が加わると、果てしなくビールを呼ぶ。そして、トマトの酸味と旨味が料理全体に深みを加えている。生唐辛子とトマトは啤酒魚に欠かせない材料だそうだが、その理由が舌で理解できた。名物にも旨いものありだ。

日本では川魚がマイナーなので、尻込みする人もいるかもしれない。しかし、この料理のように濃い目で刺激的な味付けには、海魚より川魚のつるりとして柔らかい身質が断然合う。そのことを、是非食べてみて実感して欲しい。また、都会で川魚を食べて泥臭さを感じたことがある人には、地方での再挑戦をお勧めしたい。綺麗な水で育った川魚には、泥臭さなどないのだ。

そもそも広大な中国で海に面した地域は一部分しかない。中国全体で見ると、内陸でも獲れる川魚の方が海魚よりメジャーな食材なのだ。川魚の美味しさを知れば、中華料理の世界が一気に広がることだろう。

さて、恒例の余談だが、もうひとつ桂林ならではの料理を紹介しておきたい。その名も、田螺醸《ティエンルオニャン》。タニシの肉詰めである。タニシの殻から身を取り出し、豚ひき肉などと叩き合わせて餡を作る。この餡をよく洗った殻に詰め、生唐辛子や大蒜と共に炒める。

タニシの歯応えと豚肉の旨味に大蒜と唐辛子の刺激が良く合い、驚くほど深みのある味になる。僕が食べたものは餡にミントの葉が混ぜ込んであり、爽やかなミントの香りが後味を軽や

どの店でも、その場で魚をさばいて作る。これは竹魚（コイ系）の啤酒魚だ。

香ばしく揚がった魚にこっくりした味がよく染みていて、皮や鱗まで美味しい。

こちらは毛骨魚（ナマズ系）の啤酒魚。川魚の食べ比べも楽しい。

もうひとつのオススメ、田螺醸（タニシの肉詰め）。

タニシの殻に餡が詰まっている。なかなか手間のかかった料理だ。

かにしてくれて、すこぶる旨かった。

タニシは桂林では一般的な食材で、単に炒めたり煮込んだりする料理もたくさんある。しかし、惜しいことに泥抜きが甘く、ぬめっとした泥臭さを感じたことが何度かあった。一度身を取り出して殻を洗うこの料理であれば、その問題はない。タニシはちょっと……という人にも、自信を持ってお勧めしておく。

因みに、田螺醸の「醸《ニャン》」とは「肉詰め料理」を意味し、陽朔にはタニシの他にも肉詰め料理がたくさんある。試しに挙げてみると、豆腐醸《ドウフニャン》、茄子醸《チエズニャン》、苦瓜醸《クーグアニャン》、柚子醸《ヨウズニャン》、辣椒醸《ラージャオニャン》、南瓜花醸《ナングアホアニャン》、油豆腐醸《ヨウドウフニャン》、冬瓜醸《ドングアニャン》、蒜醸《スアンニャン》、竹筍醸《ジュースンニャン》、菜包醸《ツァイバオニャン》、香芋醸《シャンユィニャン》、蘑菇醸《モーグーニャン》、蛋醸《ダンニャン》、蕃茄醸《ファンチエニャン》……といった具合だが、さすがに個々を説明する紙幅はないので、見かけたら試してみて欲しい。

美しい自然を眺めるだけではなく、その自然がもたらす恵みを味わって初めて、桂林観光は完成するのである。

◉醋血鴨（ブラッディーダック）——赤き衣を纏いて干鍋に降り立つアヒル

広西やその周辺地域（四川省、湖南省など）には、干鍋《ガングオ》と呼ばれる鉄鍋料理がある。ひと言で言うなら、汁なし鍋だ。底が浅い鉄鍋に汁気の少ない料理を盛り、卓上コンロに載せて供する。料理を熱々のまま保つのが第一の目的だが、途中で青菜などの具を足して炒めながら食べることもできる。

四川・湖南料理の全国的流行に伴い、今や中国各地に広まったスタイルだが、桂林の干鍋文化には他所とは一線を画す多彩さと骨太さがある。桂林人の同僚がくれたアドバイスも「桂林へ行くなら干鍋がお勧めです。どれを食べても美味しいですよ」であった。

桂林の干鍋は、食材や味付けが実に多彩だ。黄燜鶏《ホアンメンジー》（鶏煮込み鍋）、啤酒鴨《ピージウヤー》（アヒルのビール煮込み）、板栗鴨《バンリーヤー》（栗とアヒルの煮込み鍋）などは王道の美味しさ。味付けは主に醤油ベースで、葱・生姜・大蒜・花椒・唐辛子（生、干し、漬物など各種）・酸筍《スアンスン》（タケノコの漬物）・八角・桂皮など様々な薬味・香辛料を組み合わせて用いる。変わったところでは、田螺鶏《ティエンルオジー》（タニシと鶏の鍋）、魚頭鍋《ユィトウグオ》（巨大な川魚の頭の鍋）、兎肉鍋《トゥーロウグオ》（兎鍋）、狗肉鍋《ゴウロウグオ》（犬鍋）、馬肉鍋《マーロウグオ》（馬鍋）なんてものもあった。

その中でも最も僕の心を打ったのが、醋血鴨《ツウシュエヤー》だ。桂林市全州県の名物料理で、生きたアヒルを一羽丸ごと使って作る豪快かつ贅沢な料理である。一羽丸ごとという表現には、いささかの誇張もない。肉やモツや頭や水かきはもちろん、料理名に含まれる「血」の文字の通り、さばくときに出る血すらも一滴残さず用いるのだ。

中国でアヒルの血の料理と言えば、血に塩水を加えて豆腐状に固めた鴨血《ヤーシュエ》が最もポピュラーだ。火鍋の具として食べたことがある人もおられよう。しかし、この醋血鴨は、アヒルの血をソースに仕立てて料理全体を味付けしてしまおうというのだから、また一段と豪気である。

醋血鴨の場合、アヒルの血には塩水ではなく、「醋（酢）」を加える。但し、この酢はいわゆる普通の醸造酢ではない。大根、唐辛子、タケノコ、ササゲといった野菜を大甕で漬け込んだ際にできる漬け汁（酸水《スアンシュイ》、酸壇子水《スアンタンズシュイ》などという）のことを指す。

この漬け汁を加えると、血が凝固せず、液体のまま保たれる。普通の醸造酢でも同じ効果は得られるが、酸味が控えめな漬け汁を使うことで、まろやかな香りと味わいのソースが生まれるのだそうだ。

ここまでで既に引き気味の人もいそうだが、最後までお付き合い願いたい。なにもゲテモノ趣味でこの料理を選んだわけではない。べらぼうに旨いからこそ、選んだのだ。

作り方は色々あるが、骨ごとぶつ切りにしたアヒルを生姜などの薬味とともにじっくりと炒め、火が通ったら生唐辛子や他の具を炒め合わせて塩で調味し、最後に血のソースを混ぜ合わ

巨大な鉄鍋で豪快に供される醋血鴨。

ビールを呼ぶ啤酒鴨（アヒルのビール煮込み）

湯気が立ち昇る黄燜鶏（鶏煮込み鍋）。

狗肉鍋もありますよ。

せる……というのが基本的な流れのようだ。ソースが全体によく馴染み、加熱されることでまろやかな香りが立ってきたら、できあがり。

醋血鴨の専門店では、このまろやかな香りが店内に充満していた。信じられないかもしれないが、これが実に扇情的で、席に着く前から笑顔になってしまうような香りなのだ。ビールをあおりながら待つことしばし、いよいよ運ばれてきた醋血鴨は目の前でじゅわじゅわと音を立て、迫力満点だ。なるほど、血のソースが全体によく馴染んでいる。

いざ食べてみて、びっくり。期待を遥かに上回る美味だったのだ。凄惨な見た目とは裏腹に、まろやかな酸味に味噌にも似たコクが合わさった味わいは、むしろ上品と表現したくなるほどだ。血まみれになったアヒルの肉が、とても旨い。鶏肉よりも味が濃いアヒル肉は、ソースのコクに負けず、旨味の相乗効果を生んでいた。

醋血鴨は、基本のアヒル肉に加えて「その他の具(桂林では湯菜《タンツァイ》と呼ぶ)」を注文することができる。青菜や豆腐のように自分の好きなタイミングで鍋に加えて食べるものもあるが、その多くはあらかじめアヒル肉と共に調理されて供される。

必ず頼むべきものは、アヒルのモツだ。鴨腸《ヤーチャン》(アヒルの腸)と鴨雑《ヤーザー》(砂肝・心臓・レバー)は、それぞれに豊かな弾力と旨味を持ち、肉以上に血のソースとの相性が良かった。モツがあると、肉だけより旨味の幅が断然広がる。これを読んで醋血鴨を食べに行く人は、絶対に注文するようにしてほしい。

もわもわと湯気を立てる醋血鴨。香りをかいだら、もう我慢できない！
ねっとりとソースがからんだアヒル肉。旨し。

アヒルの肉、モツ、苦瓜など。多彩な味が楽しめる。

　このほかに、決して欠かすことができないのが苦瓜《クーグァ》（ニガウリ）だ。煮込まれてトロトロになった苦瓜は、強烈な苦味の中にほのかな甘味があり、妙にクセになる。桂林名物の芋苗《ユイミャオ》（タロイモの茎）も忘れてはいけない。白い帯のような見た目で、外側はメンマのような食感。それでいて茎の中はぷちゅっとした食感で甘味があり、不思議な美味しさだった。同じく桂林名物の魔芋《モーユィ》（こんにゃく）も人気の具のようだったが、残念ながら、僕はまだ試したことがない。

　この醋血鴨、本場の本場である全州県では極ありふれた家庭料理で、全州人ならばこの料理を作れぬ者はいないと言われるほどだそうだ。生きたアヒルが気軽に買えて、漬物の入った大甕が家に常備されている環境だからこそ作れる料理であって、現代ニッポンのコンクリートジャングルに住んでいる僕としては、うらやむしかない。

　桂林に美味しい干鍋はたくさんあれど、僕の中では醋血鴨が文句なしのベストだ。それでも「血は勘弁」という人もいそうなので、訳語をブラッディーダックにしてみた。横文字にすればちょっとは抵抗感が減るかなあと思ったのだが、どうだろう？（笑）

◉桂林米粉（桂林式ライスヌードル）——中国で最も有名なライスヌードル

　桂林人のソウルフードと言えば、何をおいても桂林米粉《グイリンミーフェン》である。桂林の街には犬も歩けば棒に当たる勢いで米粉専門店が建ち並んでいて、朝から晩まで大勢の客でにぎわっている。

　これまでも何度か触れたが、米粉《ミーフェン》とは米の麺だ。長江以南の稲作地域ではありふれた食べもので、地域ごとに独自の米粉文化がある。最も一般的なのは、切り口が丸型のもの。水を加えながら米を挽いて柔らかな餅のように成形したものを、ところてん式に熱湯の中へ押し出し、茹で固めて作る。生の米粉はつるつるぷるんとした舌触りが素晴らしく、早く日本にも普及しないかなあと昔から思っている。

　因みに、日本でよく食べられているビーフンは、極細の米粉を乾燥させたものだ。そもそもビーフンという呼称は、米粉の閩南話《ミンナンホア》（福建省南部の方言）での発音が基になっている。

　さて、数ある米粉の中でも、桂林米粉の知名度は抜きん出ている。その人気は今や全国区で、

桂林に行ったら必ず食べるべきなのが、桂林米粉だ。

中国で最も有名な米粉だと言っても過言ではない。中国でもマイナーな広西料理の中では、間違いなく一番の出世頭だ。

　ひとくちに桂林米粉と言っても、具の内容やスープのあるなしによって、様々な種類に分かれる。だから、店で「桂林米粉をください」と注文するのはうどん屋で「うどんをください」と言うのと同じで、少々間抜けだ。そういう間抜けな観光客（←初めて行ったときの僕）には、もっともスタンダードな米粉が供される。それが、鹵菜粉《ルーツァイフェン》だ。桂林人にとって、米粉と言えばまずはこれになる。

　湯にくぐらせて温めた米粉を碗に盛り、鹵水《ルーシュイ》をかける。鹵水とは、牛骨や豚骨のスープと茴香（ウイキョウ）・草果（カルダモン）・桂皮（シナモン）など十数種の香辛料を煮詰めて作るタレで、桂林米粉の世界では、鹵水の味がその店の評価を決めると言われるほど重視されている。

具は極めてシンプルで、牛・豚の薄切り肉と揚げたピーナッツ程度。スープは全く入っていない。中国でも他地域で「桂林米粉」を頼むとほぼ確実にスープありのものが出されるが、本場ではスープなしが基本形なのだ。

しかし、ここからが本番。鹵菜粉は、この時点ではまだ完成していない。客が自分の好きなトッピングをのせて、好みの味に仕上げるところに醍醐味があるのだ。この点は、第二章で紹介した雲南省西双版納の米線《ミーシエン》と似ている。

トッピングの種類は店によって異なるが、代表的なものだけでも、酸筍《スアンスン》（タケノコの漬物）、酸豆角《スアンドウジャオ》（ササゲの漬物）、生唐辛子、粉唐辛子、酸辣椒《スアンラージャオ》（唐辛子の漬物）、辣椒醤《ラージャオジャン》（発酵唐辛子ペースト）、黒酢、揚げ大豆、葱、香菜、酸蘿蔔《スアンルオボ》（ダイコンの漬物）、酸南瓜苗《スアンナングアミャオ》（カボチャの茎の漬物）、酸黄瓜《スアンホアングア》（キュウリの漬物）……と、実に多彩だ。

組み合わせや分量は、自分の好みで決めればいい。ただ、決して忘れていけないのは、酸筍と酸豆角だ。酸筍の独特な発酵の香りと酸豆角の小気味よい食感があってこそ、鹵菜粉は旨い。酸筍の香りは、初めての人には臭く感じるかもしれないが、慣れればクセになる。酸筍がない桂林米粉なんて、花椒がかかっていない麻婆豆腐のようなものである。

席に着いたら、鹵水やトッピングが米粉全体によく馴染むよう、ひたすら混ぜる。混ぜれば混ぜるほど旨くなるので、この手間を惜しんではいけない。すると、米粉の熱によって鹵水やトッピングの香りがほわほわと立ち昇り、強烈に食欲を刺激してくる。

あとは、食欲に突き動かされるがまま、むさぼるだけだ。つるつるぷるんとした米粉にパリポリ・シャクシャク・カリコリ・ムニムニ……と様々なトッピングの食感が加わって、口の中で賑やかなリズムを刻み出す。それに続いて、鹵水のほど良いコクや漬物たちの辛味・旨味・酸味・香ばしさ・発酵臭といったものが徐々に存在を主張してきて、互いにせめぎ合い、高め合い、混じり合っていく。

こうなるともう止まらない。毎回、まるで何かに取り憑かれたかのように、無我夢中で米粉を頬張る。そして、ふと我に返ったときには、米粉の最後の一本を名残惜しそうに箸でつまんでいる自分を発見するのだ。

米粉がなくなったら、店内に用意されている容器からスープを注ぎ、碗の内側にへばりついたトッピングや鹵水とともにすする。牛や豚の骨でとったスープはあっさりまろやかで、蕎麦のあとに飲む蕎麦湯のような安らぎを与えてくれる。そして、このスープを飲み終えたときが、本当の「ごちそうさま」になるわけだ。

もっともこれはひとつの食べ方であって、最初からスープを足す人や、途中で足す人もいる。だが、香りと刺激の奔流を堪能するには、スープなしが一番だと思う。これから桂林で米粉を食べる人は、まず鹵菜粉を注文し、是非とも最初はスープなしの旨さを感じてみて欲しい。

好きなトッピングを選ぼう。漬物が自家製の店だと、ぐっと期待が高まる。

驚くほどそっけないあつらえの鹵菜粉。

できた！　酸筍（右）と酸豆角（左）に特化した、
酒徒特製・鹵菜粉だ！

鹵水やトッピングで染まってぬらぬらと輝く
米粉がなまめかしい。たまりませんな！

どの店にも、スープが入った大鍋が保温状態で
用意されている。

途中でスープを足せば、スープありなし両方を
楽しむことも可能だ。

馬肉のスライスがのった馬肉粉。中国広しといえ
ども、馬肉を食べる地域はとても珍しい。

すっぱ辛いスープが特徴の酸辣粉。強烈な
辛さだが、だからこそ酸味と旨味が活きる。

太めの米粉を炒めた炒米粉。醬油や油の香ば
しさが加わると、他の米粉とは全く別の美味し
さになる。

最後に、鹵菜粉以外の桂林米粉もさらりと紹介しておこう。馬肉粉《マーロウフェン》（馬肉がのったあっさりスープ米粉）、牛腩粉《ニウナンフェン》（具が煮込み牛ばら肉）、叉焼粉《チャーシャオフェン》（具がチャーシュー）、三鮮粉《サンシエンフェン》（具が三種）、酸辣粉《スアンラーフェン》（すっぱ辛いスープの米粉）、原湯粉《ユエンタンフェン》（米粉を茹で固めた際の白濁した湯をスープにする米粉）、炒米粉《チャオミーフェン》（激辛炒め米粉）など、こちらはこちらでそれぞれに旨い。

あまりに旨いので、普段は炭水化物に対して淡白な僕が、わずか三日の旅で十二回も桂林米粉を食べてしまったこともあるが、それでも全く飽きないどころか、もっと食べたいという気持ちが高まったほどだ。

地元での浸透度といい、圧倒的な知名度といい、米粉というカテゴリの中でのブランド性といい、桂林米粉の立ち位置は、日本のうどん界における讃岐うどんのそれと似ているように思う。香川県に行って、讃岐うどんを食べない人はほとんどいないだろう。それと同じで、桂林に行ったら、是非とも桂林米粉を食べよう。決して後悔はしないはずだ。

少数民族の食に魅せられて

column 5

広東省広州市で駐在員生活を始めた二〇〇〇年代後半のこと。僕と連れはその年の大晦日を広西チワン族自治区の北部、龍脊棚田《りゅうせきたなだ》風景区にある瑶《ヤオ》族の村で過ごしていた。山間の僅かな平地に家々が密集し、その周りの斜面が棚田になっている。誇張なしに、見渡す限りの山々に延々と棚田が広がっている様子に息を呑んだ。

村の客桟《カアジャン》（民宿）では、名物料理の竹筒鶏《ジュートンジー》（竹筒の中に地鶏のぶつ切りを入れて蒸す料理）や猪脚燉黄豆《ジュージャオドゥンホアンドウ》（豚足と大豆の煮込み）に舌鼓を打ち、充実した料理で一年の有終の美を飾れたことを喜んだ。

しかし、瑶族の伝統的な木造家屋はすきま風が凄まじかった。激しい寒さと夜明け前からけたたましく鳴き続ける鶏たちのせいで眠れぬ夜を過ごして迎えた元旦、客桟の主人がふるまってくれた荷包蛋米粉《ハアバオダンミーフェン》（フライドエッグ入りライスヌードル）の美味しさは、今も忘れられない。

熱々のスープが冷え切った身体の隅々まで染み渡り、思わず安堵のため息が漏れた。スープの味付けは塩だけと思われたが、その素朴な味わいは心のひだの一枚一枚に寄り添うかのように優しく、奥深く、僕は夢中になってスープをすすり、米粉を口に運んだ。食べ終える頃には身も心もすっかり満たされ、「一杯の米粉がこれほどまでに人の心を動かすのだなあ」としみじみ。元旦にふさわしい、食べるという行為の原初的な喜びに満ちた朝食だった。

さて、雲南省と貴州省への旅で、少数民族の食文化に端倪すべからざるものがあることを感じていた僕らは、広西でも狙いを少数民族の料理に据えていた。瑤族の村を後にして向かったのは、貴州省と境を接する三江侗《トン》族自治県だ。

侗族は主に貴州・広西・湖南に分布していて、優れた建築技術と歌唱文化を持つことで知られる。各集落には風雨橋（屋根付きの橋）と鼓楼（太鼓を設置する巨大な建物）があり、折々に鼓楼で行われる祭りでは侗族大歌と呼ばれる多声合唱が行われる。

八江、馬胖、程陽といった村々を回り、それらを堪能した僕らだったが、真の狙いは侗族の発酵食文化にあった。侗族は俗に「侗不離酸《トンプーリースアン》（侗族は発酵食品なしでは生きられない）」と言われるほどで、その発酵食文化の豊かさには定評があるのだ。

侗族の発酵食文化を代表するのが、三酸《サンスアン》だ。これは川魚（草魚《ツァオユィ》、鯉魚《リーユィ》など）、豚肉、アヒル肉を材料とした発酵食品の総称で、それぞれ酸魚《スアンユィ》、酸肉《スアンロウ》、酸鴨《スアンヤー》という。

どうせなら全種類を食べてみようと、村内の客桟を訪ね歩き、三酸の盛り合わせを出すと請け負ってくれた客桟に宿を決めた。ところが「中国あるある」で、いざ食事の段になってから「酸鴨がない」と言い出す。仕方がないので、とりあえず酸魚と酸肉を試すことにした。

まずは、酸魚。我先にと箸を伸ばし合った僕らは、ひ

と口かじった後、顔を見合わせた。

「これ、どこかで食べたことがある味じゃない？」

「うん、あるある。……そうだ、なれずしだよ！」

そう、唐辛子の辛味を除けば、独特の香りといい、酸味といい、本当になれずしそっくり。後日調べたところ、三酸の製法は基本的に共通していて、食材に塩をして水気をしっかり抜いてから、蒸したもち米、塩、粉唐辛子、米酒、酒粕などを混ぜ合わせたペーストを満遍なく塗り付け、大きな木桶の中に隙間なく詰めて密封し、最短でも一年近く寝かせて発酵させるのだという。なるほど、なれずしと似た製法なのだから、仕上がりが似るのも納得だ。

但し、僕らが食べた酸魚の表面には焼き色が付いていた。なれずしのように生のままでも食べるが、炒めるのも一般的だそうで、加熱により発酵の香りが高まり、酒飲みにはたまらない酒肴になっていた。

お次の酸肉はトマトや唐辛子と炒め合わせてあり、そこが良かった。酸肉の熟れた旨味や香りは素晴らしいものだが、相当に塩辛いのも確か。単体では量をこなすのが難しいが、野菜を加えることでこの問題をクリアしていたのである。

こんな酒肴が揃えば、俄然、酒が欲しくなる。中国には日本の酒税法のように一般人に醸造を禁じる悪法（悪法です！）がないので、農村では家ごと、村ごとに酒を醸していることがあり、それがなかなかに侮れない。

最初に飲んだ水酒《シュイジウ》は、米由来の醸造酒だ。どぶろくを薄めたような味で、酸味と甘味が混然とし、しゅわしゅわと発泡していた。次にもっと強い酒はないかと聞いて出されたのが、米酒《ミージウ》。要は米焼酎で、単式蒸留で加水もしていないので、実に濃厚。米の味がちゃんとして、酒が胃袋まで落ちると腹がカッと燃えた。

水酒と米酒は三酸を漬け込むペーストにも使われるそうだから、両者が合わないわけがない。これらの酒もまた、侗族の生活を支える発酵食文化のひとつなのだ。

　しかし、こうなるとやはり酸鴨を食べてみたくなる。翌日、再び村内の客桟を訪ね歩き、ようやく酸鴨を出すところを見つけた。この酸鴨もトマトや唐辛子と炒めてあったので、どうやらこの組み合わせは、お決まりのようだ。

　食べる前は酸肉と似たようなものかと思っていたが、良い意味で予想を裏切られた。アヒルの場合、ひとつの塊で皮、肉、骨周りのゼラチンを味わえるので、酸肉より味の幅が遥かに広いのだ。それに加えて、この酸鴨自体が相当な上物だったのだと思う。

　鼻をつくような酸っぱい香りを楽しみつつ、酸鴨を口に入れた。大量の塩で締まった肉は、しっかり硬い。それをグッと嚙むと、最初は強い酸味、辛味、塩気を感じたが、その奥から凄い旨味が広がってきた。何度も嚙むうちに、旨味の土台はどんどん堅固になる。すると、その土台の上で酸味や辛味が手を取って踊り始めるではないか。歯を嚙み合わせながら目をつむり、その踊りをじっくり楽しむ。やがて、踊り手たちが喉の奥に消えていったところで、舌に残った余韻と合わせるように米酒を舐める……。

　素晴らしい体験だった。考えてみれば、前日の宿に酸鴨がなかったがゆえにこの味に辿り着いたわけで、人間万事塞翁が馬だ。旅行者の身でその土地の食文化を知り尽くすことはできないけれど、時としてこの酸鴨のように、まるで食の神がご褒美をくれたかのような出合いがあるので、食べ歩きの旅は止められない。

　因みに、三酸には二十年、三十年と寝かせた年代物も存在するらしい。いつかそういうものに出合う「口福」に恵まれたいものだ。

10

長沙市

湖南省

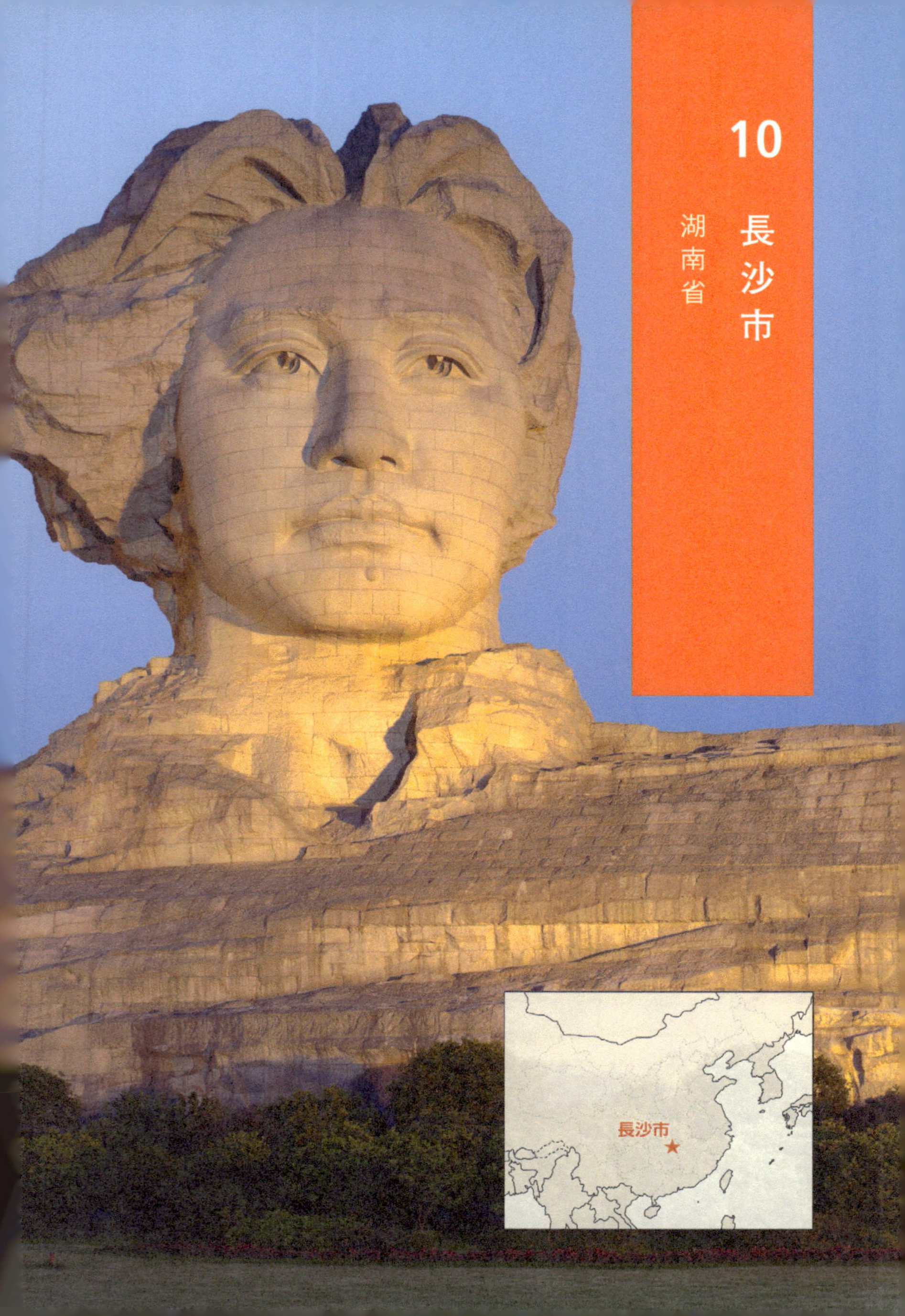

本章では再び舞台を内陸に移し、湖南省の省都・長沙《チャンシャー》市を取り上げる。市内の中央を長江の支流である湘江が縦に貫いていて、その先には、淡水湖として中国第二の大きさを誇る洞庭湖がある。古来、水資源が豊かで、肥沃な土壌と豊かな水産物に恵まれた土地だ。

その歴史は古く、『キングダム』風に言えば楚国、『三国志』風に言えば荊州の一部だ。一九七二年、市内の馬王堆漢墓から死後二千年以上経ったにもかかわらず瑞々しさを保った女性のミイラが発見されたときは、考古学史上の大発見として世界に衝撃が走ったという。

また、長沙は近現代史との関わりも深い。中国建国の父・毛沢東は、長沙のお隣の湘潭で生まれ、青年期を長沙で過ごした。二〇〇九年、長沙市内の橘子洲公園に完成した青年期の毛沢東像は、開いた口が塞がらないという意味で、一見の価値ありである。

さて、料理の話に入るとしよう。湖南料理を一文字で表すなら、「辣《ラー》（辛い）」。日本で辛い中華料理の代名詞とされる四川料理の辛味は、その実、花椒のしびれと唐辛子の辛さが合わさった「麻辣《マーラー》」が基本だ。一方、湖南料理の辛さは、より純粋に唐辛子の辛味を用いる。しかも、生唐辛子の「鮮辣《シエンラー》」、干し唐辛子の「干辣《ガンラー》」、発酵唐辛子の「酸辣《スアンラー》」など、様々な辛味を組み合わせるところに妙味がある。

一説によれば、湖南人は一年に一人五十キロの唐辛子（生および乾燥の合計）を消費するという。片や、日本人の消費量は一日当たり一グラムにも満たないというから、湖南料理の激辛ぶりが想像できるだろう。日本での知名度はまだ低いが、中国では刺激的な味わいが若者を中心に人気を博し、二十年近く前から湖南料理レストランが全国を席巻している。

とはいえ、実はこんな説もある。それは「湖南料理が唐辛子を多用するのは確かだが、昔は決して辛い料理ばかりではなかった。今のような激辛料理を食べていたのは、毛沢東の出身地周辺の限られた地域だけだったが、新中国成立後、毛沢東への個人崇拝が高まるにつれて、省内の料理はどんどん激辛化していった」というものだ。

では、実際現地ではどんな料理が食べられているのだろう。かつて僕が長沙へ飛んだのは、この説の真偽を知りたかったからだ。その結果どんな料理に出合ったのか、乞うご期待。

●長沙米粉（長沙式ライスヌードル）――無名の実力者、長沙にあり

長沙へ飛んだ僕の心をまず捉えたのは、意外にも、米粉《ミーフェン》（ライスヌードル）だった。湖南省は、かつて湖北省と合わせて「湖広熟すれば天下足る（この地域が豊作なら天下が満たされる）」と言われたほどの穀倉地帯だ。米粉が名物でもおかしくはないのだが、僕としては意外性があった。

あなたは知っているだろうか、長沙米粉の旨さを！

というのも、この長沙米粉《チャンシャーミーフェン》、桂林米粉（187頁）あたりと比べると、中国国内の知名度は皆無に等しいからだ。そもそも湖南省以外で長沙米粉を食べられる店自体があまりないようで、これまで北京・上海・広州で行った湖南料理店でも、長沙米粉が品書きに載っていたことはなかったように思う。

ところが、長沙人に言わせると、米粉は朝食に欠かせないものだそうだ。それどころか、湖南省全体でも米粉は広く親しまれていて、地域ごとに異なる名物米粉があるのだとか。いやはや、勉強不足でしたなあ。

では、長沙米粉の特徴とはなにか。目の前に置かれた碗には、全体に刻んだ芹菜《チンツァイ》（中国セロリ）と香菜が散らされていて、スープの表面には脂が浮いている。ずずっとスープをすすると、ダシは豚骨で、しっかりとした醤油味。猪油《ジューヨウ》（ラード）を加えてあるようで、どっしりとした味わいだ。そして、なんと辛さは微塵もない。いきなり「辛くない湖南料理」に出合って、僕はドキドキした。

　面白かったのは、米粉の形状だ。湖南省では、米粉を圓粉《ユエンフェン》（断面が丸型）と扁粉《ビエンフェン》（きしめん型）に分類するのだが、長沙では後者の扁粉が主流。この扁粉が、実に旨かった。

　米の液を蒸して板状にしたものを細く切るという製法は、広東の河粉やベトナムのフォーと同じだが、それらよりやや分厚いところがミソで、この厚さがもちもちした独特の食感を生むのだ。その力強い食感はどっしりしたスープとの相性も良く、長沙米粉にしかない魅力を感じさせた。

　具の多彩さも、長沙米粉の特徴だ。湖南省では米粉の具のことを「碼子《マーズ》」と呼ぶ。それは更に二つに大別され、あらかじめ作り置きするものは「蓋碼《ガイマー》」、注文が入ってから炒めるものは「炒碼《チャオマー》」となる。専門店ともなると、品書きには二十種類以上の「碼子」が並んでいて、初心者の僕を大いに惑わせた。

　前頁の写真は、最もスタンダードと言われる原湯肉絲粉《ユエンタンロウスーフェン》だ。肉絲（豚肉の細切り）と呼ぶには立派過ぎるほどの、角煮のような豚肉がのっていた。

　柔らかく煮込まれながら、程よい歯応えも残っていて、なかなかおいしい。味付けはしっかりした醤油味で、八角や肉桂など香辛料の風味も豊か。その風味が徐々にスープにも溶け込んでいき、一杯の米粉を起伏に富んだものにしてくれた。

扁粉。この厚さが独特の食感を生む。圓粉より
スープが染み込みやすいとも言われる。

原湯肉絲粉には、肉絲と呼ぶには豪華な肉がのっていた。

多彩な品書き。これなら毎日食べに来ても飽きなそう。

途中まで食べ進み、ふと卓上の調味料が気になった。湖南産の黒酢、辣椒粉《ラージャオフェン》（粉唐辛子）、剁辣椒《ドゥオラージャオ》（刻んだ唐辛子の漬物）が置かれている。この後も様々な店で見かけた「長沙卓上三種の神器（酒徒命名）」だ。

その中でもやたらと色鮮やかな辣椒粉に惹かれてスープに加えてみたところ、他地域の唐辛子と比較して、素晴らしく香りが良く、そして、もの凄く辛い！　どっしりしたスープの印象が一気に華やいだ。香りだけでなく辛さも鮮烈なところは、さすが湖南の唐辛子だ。

うまいうまいと頬張りながら「やはり『辛くない湖南料理』なんて存在しないのか……」とも思ったのだが、調べてみると、長沙米粉は辛くない状態が本来の姿で、辣椒粉や剁辣椒は食べ手の好みで入れるものなのだそうだ。

このあたり、「激辛化は割と最近説」を裏付けているようにも感じるが、どうだろう。ま、一介の食べ手としては、最初はそのまま食べ、途中で唐辛子を足して両方の味を楽しむのがきっと正解だ（笑）。

最後に、他の「碼子」も少し紹介しておこう。原湯酸辣粉《ユエンタンスアンラーフェン》には、辛子高菜に似た青菜と筍の漬物がのってきた。意外にも辛さは穏やかで、シャキッとした青菜と筍が米粉にからみ、また別の美味しさがあった。

隣の客が食べていて実に旨そうだったので真似てみたのが、干拌酸辣粉《ガンバンスアンラーフェン》だ。これが当たり！　汁が少ないことで、扁粉ならではのもちもちの食感がよりストレートに味わえたし、途中で足

黒酢と辣椒粉（右）と剁辣椒（左）。

鮮烈！　この変化には驚いた。

原湯酸辣粉。これは「蓋碼」。

干拌酸辣粉。全く汁がないわけではなく、
米粉の底が浸る程度には入っている。

混ぜて混ぜていただきます！　こりゃ旨いや！

した辣椒粉の鮮烈な香りと辛さもビビッドに伝わってきた。

このときの旅では残念ながら「炒碼」まで試す余裕がなかったのだが、そこは将来の旅での楽しい宿題としたい。

◉辣椒炒肉（青唐辛子と豚バラ肉の醤油炒め）――儚く消える湖南料理の実像

本場の湖南料理とはどういうものなのか。それを摑むには、ありふれた家常菜《ジアチャンツァイ》（家庭料理）を食べるのが一番だろう。そう考えていた僕が狙いを定めたのが、辣椒炒肉《ラージャオチャオロウ》だ。

その名の通り、唐辛子（辣椒）と肉を炒め合わせるシンプルな料理だ。中国で単に「肉」と言えば基本的に豚肉のことで、この料理の場合、豚バラ肉の薄切りを用いる。「湖南人の家庭でこの料理を作らぬところは一つもなく、湖南料理店でこの料理を出さぬところも一つもない」。そう言われるほど、湖南省では普遍的な料理だそうだ。

やはり激辛こそが湖南料理の基本なのだろうか。そんなことを考えつつ地元の人気店を訪ねたところ、体育館のように広い店内は地元民らしき客で埋まり、見た限り、全ての客が辣椒炒肉を頼んでいた。

看板料理の辣椒炒肉が、目の前にドンと置かれた。まず目に飛び込んできたのは緑色。万願寺唐辛子並みに大きい緑色の生唐辛子が丸ごとゴロゴロ入っていたのだ。その量は豚肉と同じ

湖南省の家庭料理と言えば、真っ先に名が挙がる辣椒炒肉。唐辛子と肉はほぼ同量。体積だと唐辛子の方が大きいかもしれない。

くらいで、唐辛子が完全に主役の一人として扱われているではないか。

さすがは湖南、これはとんでもない辛さに違いない。内心おののきながら箸を付けた僕だったが、一口食べて、狐につままれたような顔になった。何故って、辛いことは辛いが、死ぬほど辛いわけでもなかったからだ。むしろ印象的だったのは、たっぷりの油が生むコクと、濃い目の甘辛醤油味だ。

そのこっくりとした味わいで口の中が満たされた後、じんわりと辛さが広がってきた。ビールをグイッとあおるのもいいが、それよりも激しくご飯を呼ぶ味で、酒飲みの僕にしては珍しくご飯をガシガシ食べた。

湖南省のご飯は長粒米で、ややパラパラしているので、もちもちした日本米を至上とする価値観だと評価が低くなってしまうかもしれない。しかし、米の香りがとてもよく、軽やかで、料理の油分や汁気が染み込むと、妙に美味しく感じられるのだ。

因みに、長沙では注文しなくても勝手にご飯を出してくる店が多い。しかも、まるで洗面器みたいな器に絶対に食べ切れない量が盛られてくる。濃い目の味付けは、ご飯をたくさん食べることが前提なのだろう。

面白いことに、辣椒炒肉から受けた「油のコクが豊かで、こっくりした甘辛醤油味」、「辛いことは辛いが、そこまで辛くはない」という印象は、僕が長沙で食べた他の湖南料理にも、ほとんどそのまま当てはまった。本章の冒頭で湖南料理を一文字で表すなら「辣」と書いたが、あと数文字許されるなら、「油」「醬油」「こっくり」といった文字を加えたい。

尚、誤解を避けるために蛇足を承知で書くと、もしこの辣椒炒肉を日本で出したら、「死ぬほど辛い」と口コミサイトに書かれると思う。「そこまで辛くはない」というのは、あくまで「他にも辛い料理体系がたくさんある中国において、最も辛いとされている割には」という注釈付きでの感想だと書き添えておく。

更に蛇足を重ねて、最後に蛇料理の話をしよう。湖南省は蛇料理も有名なのだ。それまでの食事で湖南料理の実像をおぼろげに掴んだつもりになっていた僕は、とある蛇料理専門店で青椒帯皮蛇《チンジャオダイピーシャー》（青唐辛子と蛇の炒め煮）を食べ、ひっくり返ることになった。

驚くほど力強い歯応えと上品な旨味を兼ね備える蛇肉は、もともと僕の好物。試しに

青椒帯皮蛇（青唐辛子と蛇の炒め煮）。テラテラと輝く皮が食欲をそそる。

どさっと供されるご飯。思わずたっぷり食べてしまう。

ガブリと嚙り付いたところ………

辛っ！！！！！！！！！！！

　思わず咳き込んだ僕は、歯を嚙み合わせるごとに激烈な辛味に襲われて、悲鳴を上げた。この料理で蛇と共に煮込まれていた青唐辛子は、辣椒炒肉のものより何倍も辛味が強い別の品種だったのだ。

　ビールをあおっても辛い。ご飯を食べても辛い。辛さを癒す術がどこにもない。いやホント冗談じゃないよなんだこりゃ辛いよ辛すぎるよ身体が震えるほどの辛さだＹＯ!!……あまりの辛さに僕は思考もまとまらず、朦朧とした。

　それでも次から次に手が伸びてしまったのは、蛇肉や全体的な味付けがとても美味しかったからだが、食べているうちに涙まで出てきた。これこそは旅の前に本場の湖南料理に対してイメージしていた通りの、水爆級の辛さであった。

この結果を、どう受け止めたら良いのだろう。今も湖南料理の激辛化は進行していて、その急先鋒に出合ったと考えればいいのだろうか。それとも、青椒帯皮蛇が昔から激辛味を食べている地域の料理だったのか、はたまた店の厨師がそうした地域の出身だったのか。

なんとなく摑んだつもりだった湖南料理の実像は、辛さの爆風に吹き飛ばされて儚く消えていったのだった。

◉長沙臭豆腐（長沙式臭豆腐）――漆黒の劇物は屋台に潜む

臭豆腐《チョウドウフ》をご存じだろうか。植物性の発酵液に豆腐を漬け込んだもので、その名の通り、とても臭い（笑）。その正体はインドールやスカトールといった有機化合物由来の糞便臭（ストレートですみません）なので、食べもせずに「便所のにおい」として毛嫌いする人もいる。しかし、一度好きになれば、同じにおいでよだれを垂らせるようになる。

最も一般的なのは、漬けた豆腐を素揚げした油炸臭豆腐《ヨウジャーチョウドウフ》。台湾や上海あたりの屋台でもよく売っているので、強烈なにおいを放つ黄金色の物体を食べたことがある人も多いだろう。しかし、この街の名物・長沙臭豆腐《チャンシャーチョウドウフ》は、それとは違って真っ黒なのだという。

その程度の前知識を持って、僕は張り切って朝の街へ飛び出した。だが、あるべきはずの場

長沙名物・ブラック臭豆腐。見た目のインパクトは絶大だ。

所にお目当ての屋台がない。近くの店のおばちゃんに尋ねると、「こんな早くにやってないよ。臭豆腐の屋台が出るのは、昼過ぎから夜にかけてだからね」と言われた。この街では、臭豆腐は午後のおやつか夜食だということらしい。

日が暮れたあと同じ場所に戻ると、なるほど、小さな屋台の姿が見える。いや、実を言えば、視覚より先にその存在を僕に告げたのは、例のにおいだ。数十メートル離れていても自らの存在を声高に主張するあの強烈なにおいが、僕の鼻孔をくすぐったのである。

屋台の脇の台には、噂通り真っ黒の臭豆腐がずらりと並べられていた。ところどころ薄っすらと白味がかっているのは、醗酵菌だろうか。その横に置かれたポリタンクを覗くと、墨のように真っ黒な漬け汁の中に黒く染

臭豆腐屋台の銅像。僕が求めているのは、食べられる臭豆腐なんですよ。

小さな屋台に人だかりができている。きっとあれだ！

まった臭豆腐がぎっしりと詰まっていた。これだけ見たら、とても食べ物とは思えない（笑）。

この物体は、一体どうやって作るのだろう。漬け汁（その名も臭水《チョウシュイ》）の伝統製法を調べたところ、瀏陽豆豉《リウヤンドウチ》（長沙市瀏陽特産の黒いドウチ）を煮込んで冷まし、水と筍・椎茸・大蒜・白酒・かん水・緑礬（硫酸第一鉄）などを加え、半月以上発酵させる（半年以上という説もある）。すると、瀏陽豆豉の黒色に緑礬が作用して、漬け汁が真っ黒くなるのだそうだ。これに四角く切った豆腐を一晩ほど浸せば、長沙臭豆腐のできあがりというわけだ。

とても食欲をそそる見た目とは言えない長沙臭豆腐だったが、ひとたび油の中に投じられると、発酵食品好きにはこたえられない魅力を放ち出した。パチパチジュワーと音を立てて煮えたぎる油の中で、真っ黒な臭豆腐がぷっくりとふくらんでいく。それと共に、僕の期待もふくらむ。そしてこの間、あのにおいはどんどん強く、香ばしくなってゆく。「最近大都会で売っている臭豆腐はにおいが弱すぎるぜ！」と思っていた僕は、思わず深呼吸をした。

カリッと揚がった臭豆腐は、辣椒醬《ラージャオジャン》（発酵唐辛子ペースト）をかけ回して供された。早速、ひと口。

「わふ、わ、わ、あつ!!」

揚げたて熱々の臭豆腐を口に放り込んだ僕は、悲鳴を上げた。はふはふと口内に空気を送り込んでようやく嚥下したものの、熱すぎて味が分からない。次こそはきちんと味わおうと、

真っ黒の臭豆腐が並ぶ（写真は夕方に再訪して撮りなおしました）。

ウソみたいだろ。食べ物なんだぜ、これで……。

なんだかいきなり旨そうになってきた！

枕飯的な串の刺し方が落ち着かないが、出来上がり！
揚げたての熱々に辣椒醬をかけ回してくれた。

外は真っ黒、中は真っ白。ふんわりじゅわり。

店主も太鼓判を押した「原味」。僕はこれの虜になった。

ウェーイ！　カリッと香ばしく臭旨の臭豆腐を冷えたビールで流し込む愉しさよ！

しっかり息を吹きかけてから、パクッ。

……おお、旨い！　今度は会心の笑顔だ。外側はカリッとサクサクで、内側はふんわりじゅわり。豆腐の中からあふれ出す熱気と臭気（笑）と共に、大豆の濃い旨味と熟成した発酵の味わいが広がる。これはとても美味しい臭豆腐だなあ。

辣椒醤の刺激もいい。だが、これだけ臭豆腐そのものが旨いなら、この刺激はむしろ邪魔かも。そう思って、お代わりは辣椒醤なしにしたところ、大正解。臭豆腐本来の魅力が先ほど以上に広がり「これは旨い！」と僕は声を上げた。しかも、その様子を見た屋台の店主が「お、旨いかい？　本当は辣椒醤なしの『原味《ユエンウェイ》』が一番旨いんだ」などと言うものだから、嬉しかった。

尚、長沙に臭豆腐の専門店はたくさんあれど、自分で漬け汁を作る店ばかりではなく、よそで買ってきた臭豆腐を揚げるだけの店も多いそうで、そこがこだわりの差になるようだ。五軒ほど食べ歩いてみたところでは、確かに明確な味の違いがあった。

だが、いわゆる黄金色の臭豆腐と比べて味やにおいがどう違うのかと言われると、正直、悩む。例の糞便臭は両者に共通している。においの強さは店によって違ったので、黄金色の臭豆腐と比べて強いとも弱いとも言えない。ただ、さすがは地元の名物だけあって、においがきちんと強く、豆腐そのものが美味しい店が多かったように思う。

因みに、長沙の臭豆腐専門店は店舗を構えず、屋台で営んでいるところが多かった（二〇一〇年当時）。はっきりした住所がないので、どの店に行くにもあのにおいを頼りに屋台を探し回らねばならず、それがちょっとした冒険のようで楽しかった。

何だか面白そうだな、とりあえず食べてみたいなと思った人に、ひとつアドバイスを送ろう。屋台を探す前に、近くのコンビニで冷えたビールを買ってから向かうと、臭豆腐の美味しさを何倍も楽しめますよ！

レシピ⑤　作って食べよう

湖南料理

湖南菜

辣椒炒肉

（青唐辛子と豚バラ肉の醤油炒め）

用料
（材料）

豚バラ肉（ブロック）……………………300g
青唐辛子（※）……………………10～12本
大蒜（にんにく）……………………２～３片

調味料
醤油……………………適量（大さじ１～お好みで）
塩……………………少々
砂糖……………………小さじ1/2
紹興酒……………………大さじ１

※現地では、螺絲椒という大きな青唐辛子を使う。甘長唐辛子や万願寺唐辛子で代用可（但し、辛さは弱まる）。

做法
（手順）

1 下準備をする

豚バラ肉は厚めの薄切りにする。青唐辛子は大きめの乱切りにする（種は捨てない）。大蒜はみじん切りにする。

2 炒める

中華鍋を強火で熱して、青唐辛子を種ごと入れる。鍋肌に押し付けるようにして軽く表面を焦がしたら、一度取り出す。中火にして豚バラ肉を入れ、脂を出すように両面を炒める。

豚バラ肉に程よく焼き色が付いたら、強火にして醤油・塩・砂糖を加えて香りを出し、青唐辛子を加えて炒め合わせる。紹興酒をかけ回し、大蒜を加え、全体をしっかり炒め合わせる。

温馨提示
（アドバイス）

辛さを支える甘じょっぱさがポイント。白ご飯の用意を忘れずに！

・**炒め油は使わない**——豚バラ肉から程よく脂が出る。
・**大蒜は最後に入れる**——大蒜の辛味と香りを活かしたいときは、こうする。

11 蘇州市

江蘇省

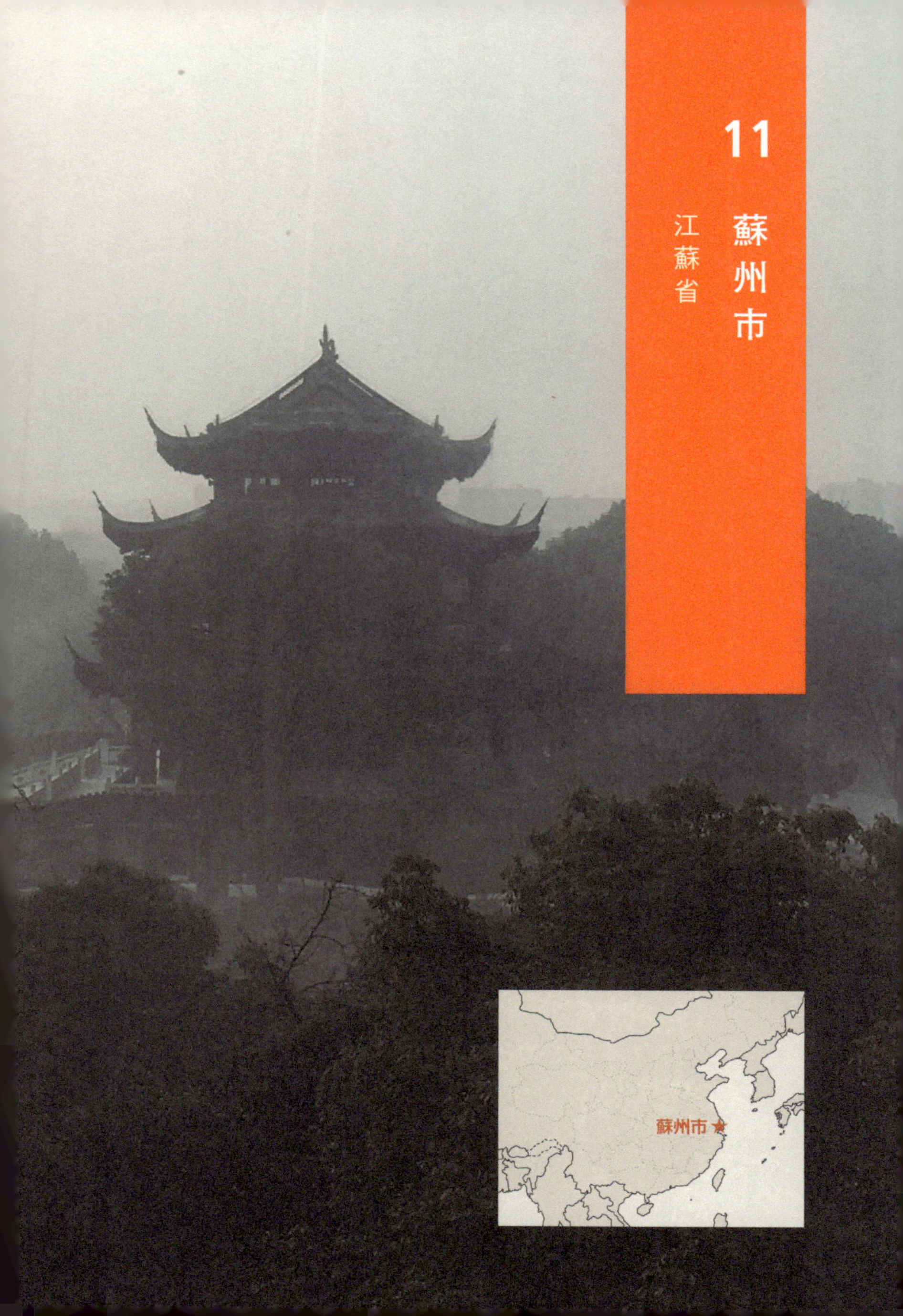

本章の舞台は、長江河口域の南岸に位置する江蘇省蘇州《スージョウ》市だ。東洋のベニスと称される、美しい水郷の街である。春秋時代に呉国の都が置かれて以来、江南地方の中心都市のひとつとして長く栄えてきた。旧市街には世界遺産級の庭園が数多く残っており、中世のおもむきを感じさせる街並みは、中国の内外から多くの観光客を集めている。

古くから水運が発達し、絹織物や綿織物の生産で潤ったこの街は、近代以降、上海の隣という地の利を活かして更に大きな発展を遂げた。開発区に立ち並ぶ近未来的な高層ビル群は、古都として知られるこの街の別の姿だ。

歴史もあり、金もある。となれば、食文化が発達する下地は十分だ。加えて、蘇州は食材にも恵まれている。

新石器時代から農耕が根付いている肥沃な土地だけに、稲作も畑作も盛ん。また、郊外には中国第三の大きさを誇る太湖や大閘蟹《ダーヂャーシェ》（上海蟹）の産地として名高い陽澄湖をはじめとして、小さな川、湖、池が無数に広がっており、まるで街全体が淡水の幸の宝庫のようである。そこで産する多彩な魚介類はもちろん、ハス・クワイなどの水生植物やアヒル・ガチョウなどの家禽類が縦横無尽に用いられるところが、蘇州料理の魅力だ。

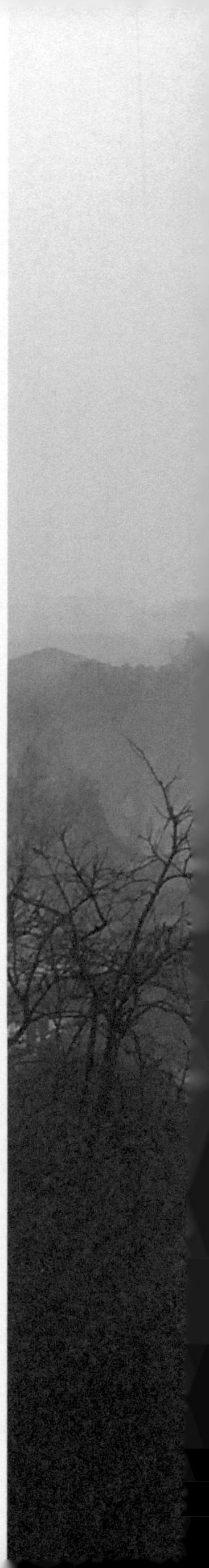

淡水の幸を多用するがゆえに、日本では馴染みのない料理が多いが、辛さは皆無だし、変わった調味料や香辛料を用いることもない味付けなので、多くの人に受け入れられやすいと思う。それなのに、蘇州を訪れる日本人観光客は、上海からの日帰りツアーでやってきて、現地の料理など全く食べずに帰ってしまうことも多いようだ。なんともったいない！

ということで、僕が蘇州を再訪するなら必ず食べたい料理を、王道と変化球を取り交ぜて三つ選んでみた。蘇州観光をより充実させる一助になれば幸いだ。

◉百合炒鶏頭米（百合根とオニバスの実の炒めもの）――湖沼の幸は癒し系

蘇州には、名物料理がたくさんある。パッと思い付くだけでも、松鼠桂魚《ソンシューグイユィ》（揚げた桂魚の甘酢あんかけ）、油爆蝦《ヨウバオシア》（川海老の素揚げ）、清炒蝦仁《チンチャオシアレン》（川海老の炒めもの）、蟹粉豆腐《シエフェンドウフ》（蟹ミソ豆腐）、響油鱔糊《シャンヨウシャンフー》（タウナギの醤油炒め）、醤方《ジャンファン》（超巨大角煮）など、枚挙にいとまがない。ガイドブックにも大抵載っているので、ご存じの方も多いことだろう。

これらはこれらで美味しいし、見た目にも派手だし、蘇州に行くなら食べて損はないものばかりではある。しかし、どの料理も味付けは甘め濃いめなので、そればかり食べ続けるにはちと重い。蘇州名物を食べ尽くさねば！　と意気込んで、ある意味、ヘビー級のパンチを受け続けてフラフラになっていた僕をやさしく受け止めてくれたのが、湖沼の幸だった。

純白の一皿・百合炒鶏頭米（バイハァチャオジートウミー）。つややかで食欲をそそる。

オニバス（鬼蓮）のつぼみ。

トップバッターは、百合炒鶏頭米《バイハァチャオジートウミー》。百合根とオニバスの実の炒めものである。白に白を重ねた真っ白な一皿が、僕の目をくぎ付けにした。色味のアクセントのため赤いパプリカを入れてみる……といった小賢しいことを考えない潔さが好ましい。

水面に巨大な葉を広げるオニバスは、花を咲かせる前のつぼみが鶏の頭にそっくり。そこから真っ白で真ん丸な実が採れるので、鶏頭米と呼ばれている。湖沼が多いこのあたりでは一般的な食材で、ムニッとした食感が特徴だ。

油を纏ってつやつやと輝く百合根とオニバスの実をレンゲでガバリとすくい、口の中に放り込む。シャクッとした百合根と、ムニッとしたオニバスの実の食感が口の中で重なり合い、思わず笑顔になった。想像以上に絶妙のコンビだ。

塩だけの味付けが二つの食材の甘味を引き立てて、飽きの来ない旨さに仕上がっている。「そもそもこんなに大量の百合根を食べたら、日本ではいくらするんだろう？」という下世話な喜びも、レンゲを動かす手を止まらなくした。

鶏頭米は、このように炒めものにするほか、スイーツに入れることもある。観光の合間のひと休みで食べた桂花糖水鶏頭米《グイホアタンシュイジートウミー》は、キンモクセイが華やかに香る温かい汁の中に、オニバスの実がゴロゴロと沈んでいた。もちもちしたオニバスの実がとろりとした甘さによく合い、ほんわりと疲れを癒してくれた。

オニバスから話を広げると、食べるのは実だけでなく、花茎（鶏の首に当たる部分）も食べる。外側のトゲがついた硬い皮を剝くと、赤味がかったフキのようなものが姿を現すのだ。ただし、フキと違って断面にレンコンのように無数の穴が開いているのが特徴で、これを多めの油と塩でジャッと炒めた清炒鶏頭菜《チンチャオジートウツァイ》は、シャキッとして旨かった。

湖沼でとれるのは、オニバスばかりではない。クワイ（正確にはオオクログワイ）とセロリを炒めた西芹炒馬蹄《シーチンチャオマーティ》は、シュクッとしてほのかに甘いクワイとパキッとしてほろ苦いセロリの見事な共演。地味に見えるけど、実は湖沼地帯ならではの贅沢な一皿だなあと思う。

更に、菱角《リンジャオ》（菱の実）も日本では珍しい食材だろう。硬い殻の中には栗のようにホクホクとした白い実が潜んでいて、これをコリッとした枝豆と炒めた菱角毛豆《リンジャオマオドウ》は、よくぞ思い付いたと

桂花糖水鶏頭米（グイホアタンシュイジートウミー）。鶏頭米はスイーツでも大活躍。甘さ控えめな中国スイーツは、左党の僕でも大好き。

清炒鶏頭菜（チンチャオジートウツァイ）。一見フキのようだが、断面は穴だらけ。シャキッとして美味しい鶏頭菜。

西芹炒馬蹄。クワイの控えめな食感と甘さが好き。セロリは日本のものより香りが強くて、こちらも好き。

菱角毛豆（リンジャオマオドウ）。硬い殻に包まれた菱角は剝くのが大変。外で食べるのが吉（笑）。

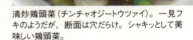

手を叩きたくなる見事な取り合わせだ。

どの料理も、味付けがとてもシンプルな点に注目したい。食材そのものの香りや甘味や食感を主役に据えた繊細な味付けに驚かされる。油こそしっかり用いるが、油はコクにもなる。そのコクにわずかな塩や砂糖をのせてやるだけで、素晴らしく旨い料理が完成するのだ。

今回採り上げた湖沼の水生植物を使った料理は、どれも香りや食感に特色があり、淡水の幸の魅力を味わうのに打ってつけの品々だ。実のところ、蘇州の専売特許というわけではなく、江南地方全体でよく食べられている料理ではあるのだが、どれも日本では珍しいので、どこかの章で紹介しておきたかったのである。

その意味では、蘇州人から「もっと蘇州ならではの名物料理があるだろ」とお叱りを頂くかもしれない。お詫びの意味を込めて、左頁に思いっ切りベタな名物料理の写真も並べておくので、許してください（笑）。

◉藏書羊肉（蘇州名物「羊肉」料理）——水の都で山羊尽くし

中国では、羊肉をよく食べる。ただ、中国で羊肉をよく食べる地域というと、北京・新疆ウイグル自治区・内モンゴル自治区あたりの名が挙がることが多く、蘇州や上海でも「羊肉」をよく食べていることはあまり知られていないように思う。

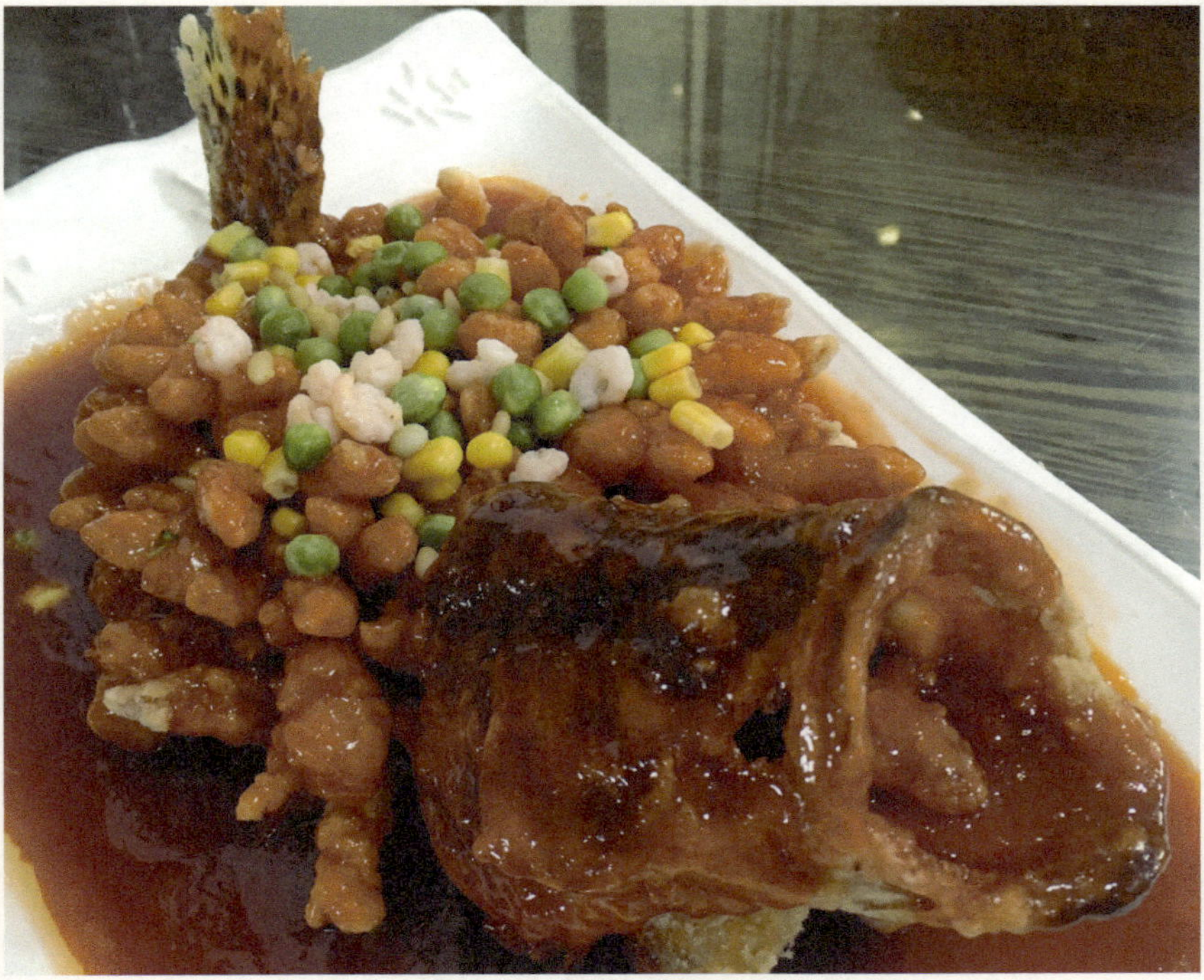

松鼠桂魚（揚げた桂魚の甘酢あんかけ）。見た目がリス（松鼠）に似ているのが名前の由来。

醤方（超巨大角煮）。巨大な豚三枚肉を甘めの醤油味で煮込む。箸を当てるだけで切れる柔らかさ。

響油鱔糊（タウナギの醤油炒め）。最後に熱した油を回しかけることでパチパチ音が鳴るので「響油」。

魅惑的な品書き。あなたなら何を頼みますか？

店頭にずらりと並べられた山羊の部位。宣伝効果抜群。

「羊肉」と「」付きで書いたのは、このあたりで食べる「羊肉」は、山羊肉（ヤギ肉）のことだからだ。面白いことに、蘇州や上海では羊肉と山羊肉を区別せず、どちらも羊肉と呼ぶのである。それじゃ困るじゃないかと思うけど、そうなのだから仕方がない。

川や湖が多く平地ばかりの蘇州だが、市の西部には山羊が棲めそうな丘陵が広がっている。ここにある藏書鎮という村の名前にちなんで、蘇州の山羊料理は「藏書羊肉《ツァンシューヤンロウ》」と呼ばれている。蘇州の街中には「藏書羊肉」の看板を掲げた専門店があちこちにあって、秋から冬にかけて最もにぎわう。

尚、藏書羊肉とは一つの料理の名前ではなく、様々な山羊料理の総称である。部位ごとに切り分けて大きな木桶で何時間も煮込んだ山羊を、いくつかの料理に仕立てるのだ。

まず食べるべきは、様々な部位の冷菜である。店頭には部位ごとに大皿に盛ったものがずらりと並べられていて、客は好きな部位を選んで注文する。あっちとこっちを五十元分盛り合わせてくれ、といった注文も可能だ。

定番は白切羊肉《バイチエヤンロウ》（普通の山羊肉）、羊頭肉《ヤントウロウ》（頭の肉）、羊舌頭《ヤンシャートウ》（タン）、羊肚《ヤンドゥ》（胃）、羊腸《ヤンチャン》（腸）、羊心《ヤンシン》（心臓）、羊脚《ヤンジャオ》（脚）あたりで、店によっては羊鞭《ヤンビエン》（陰茎）、羊眼《ヤンイエン》（目）、羊胎盤《ヤンタイパン》（胎盤）、小胎羊《シャオタイヤン》（胎児）などもあるので、毎度目移りして困る。

これらを醤油・花椒塩・甜面醤・葱・香菜あたりと一緒に食べる。山羊にはクセがあるというのが日本での定説だが、肉のみならずモツまでも、驚くほどクセが少ない。あっさりした塩味にほのかに香辛料が香り、見た目とは裏腹の上品な仕上がりだ。

面白かったのは、羊糕《ヤンガオ》（山羊のケーキ）。要は、山羊肉の煮こごりだ。煮込んでホロホロになった山羊肉を細かくほぐし、煮汁と共に箱形の容器に入れて冷ますと、ゼラチン質が固まる。巨大な直方体を切り分ける様子は、確かにケーキのよう。しかし、味は見事に酒の肴であった（笑）。

温かい料理は、湯（スープ）、麺、鍋の三つの選択肢がある。一人で食べるなら麺、複数人なら鍋をお勧めしたい。味は、白焼《バイシャオ》（塩ベース）と紅焼《ホンシャオ》（醤油ベース）の二択。どちらも旨いが、初めてなら白焼がいいだろう。

ということで、白焼羊肉羊雑鍋《バイシャオヤンロウヤンザーグオ》。山羊を何時間も煮込んだスープに肉と様々なモツがどっさ

羊糕（山羊のケーキ）。舌の上でゼラチン質がとろける。

切り分ける前。ケーキっぽいでしょう?

白切羊肉、羊鞭、羊舌頭の三種。どれもしっとりとして美味しい。

こちらは羊心、羊腸、羊肚の三種。
食感と旨味の違いを楽しもう。

白焼羊肉羊雑鍋。鍋からあふれんばかりの盛り方が食欲をそそる。

こちらは紅焼羊肉鍋仔（ホンシャオヤンロウグゥォズ）。具は白焼とほぼ同じだが、ほのかに甘めの醤油味が特徴。どちらも美味しい。

肉もモツも野菜もたっぷり！

白切羊肉麺。鍋の後でも余裕で食べ切れてしまう。

り入り、白菜・油豆腐《ヨウドウフ》（油揚げ）・春雨・葱といった具が脇を固める。見るだけで身体が温まってきそうな鍋だ。

果てしなく豊かなスープの旨味が、塩だけの味付けでギュンと伸びている。優しい味わいに、思わず目尻が下がる。ホロホロの肉とむっちりプリプリしたモツは、いずれも甲乙つけられぬご馳走だ。更に、脇役に思えた白菜・油豆腐・春雨にスープの旨味が染みると、主役をしのぐ輝きを放ち始める。こうなれば何を食べても美味しくて、あとは一心不乱に箸を動かすのみだ。

鍋の具があらかたなくなったあと、鍋に麺を足せないか頼んでみたことがある。ところが、店主は首を振った。「それじゃあ旨くない」。麺は麺だけで調製しないとダメだというのだ。では、おっしゃる通りにしてみよう。

しばらくして供された白切羊肉麺《バイチエヤンロウミエン》は、山羊ダシスープに極細ストレート麺が沈み、トロトロに煮込まれた山羊肉と刻み葱がのっていた。余計なものを一切足さないシンプルさがいい。麺は麺だけで、という店主の言い分に素直に頷きたくなるあつらえだ。

熱々のスープをすすり、麺をすすった。山羊の脂で身体が芯から温まってくる。これを食べたのは寒さが厳しい二月だったが、店を出るときには身も心もポカポカになっていた。

古都・蘇州での山羊尽くし、皆さんもお試しあれ！

◉蘇式湯麺（蘇州式スープ麺）——朝食の全てを麺に捧げよ！

蘇州の食を語るなら、蘇式湯麺《スーシータンミエン》は決して外せない。中国を代表する麺料理のひとつで、蘇州のみならず、周辺地域の麺文化に多大な影響を与えているからだ。蘇州人が麺にかける情熱は、偏執的な域に達していると言ってよい。その真髄について語るには、僕などでは分不相応だという自覚はあるが、その一端だけでもお伝えしてみたい。

まず、蘇州人にとって、蘇式湯麺は専門店で食べるものだそうだ。しかも、朝食に食べるのが一番とされている。開店直後の出来立てのスープが最も澄んでいて旨いと言われており、朝一の麺には頭湯麺《トウタンミエン》という呼び名があるほどだ。麺も、打ち立てが重んじられる。やむをえず午後になって麺屋に行く場合は、「この麺は午前のものか、午後のものか」と聞く客までいるのだとか。

蘇式湯麺の肝となるスープは、鶏肉、豚肉、豚骨、タウナギの骨、魚の鱗などと各種香辛料を煮込んで作られる。ベースのスープができたら豚骨を加えて更に数時間煮込み、ようやく完成となる。材料の配合や火加減などは店ごとに異なり、そのノウハウはスープ作り専門の職人だけが握る店の最重要機密だそうだ。早朝の開店に合わせて毎晩真夜中から仕込まれるスープは、まるで朝の陽光のように美しく輝く。

スープに合わせるタレは、露《ルー》という。露もまた店の腕の見せどころで、材料や調合方法は店によって千差万別だ。大まかに分けると、醬油を含んだ露が入ると紅湯麺《ホンタンミエン》、含まない露だと白湯麺《バイタンミエン》になり、どちらもそれぞれに旨い。どうせ蘇州に行くならば、無理してでも両方試したいものである。

具の豊富さも、蘇州麺の特徴だ。まず、具なしのかけそばは陽春麺《ヤンチュンミエン》（或いは、光麺底《グアンミエンディー》）という。具は澆頭《ジャオトウ》と呼ばれ、あらかじめ作り置きしたものと、その場で炒めて作る現炒《シエンチャオ》の二種に大別される。それぞれ何種類もあるので、麺屋の注文台の後ろには、具を記した短冊がずらりと何十枚も並ぶことになる。

定番の具は、作り置きのものなら燜肉《メンロウ》（茹で豚肉）、爆魚《バオユィ》（揚げ魚）、紅焼肉《ホンシャオロウ》（豚三枚肉の甘辛煮）、鹵鴨《ルーヤー》（アヒルの煮込み）、面筋《ミエンジン》（揚げ麩の煮物）、菌菇《ジュングー》（キノコの煮物）など、現炒なら鱔糊《シャンフー》（タウナギ）、肉絲《ロウスー》（細切り豚肉）、蝦仁《シアレン》（剝きエビ）、腰花《ヤオホア》（豚マメ）などと、挙げれば切りがない。それもそのはず、蘇式湯麺には五百種類以上の具があると言われている

紅湯の陽春麺（かけそば）。美しく折りたたまれた麺は、観音菩薩の頭に見立てて「観音頭」と呼ばれる。

とある老舗の品書き。あなたなら何を頼みますか？

のだ。因みに、前項で登場した白切羊肉麺も蘇式湯麺のひとつである。具の出し方にもこだわりがあって、具を麺にのせるのは蓋澆《ガイジャオ》、小皿で別添えにするのは過橋《グオチャオ》と呼び分ける。

黙って注文した場合、一部の作り置きの具を除けば、過橋で供されることが多い。別添えの具は、麺と別々に食べてもいいし、麺にのせてもいい。因みに、僕はいくつかの具を過橋で注文し、それを肴に朝ビールを飲んでから、途中で麺にのせて食べるのが好きだ。蘇州人は誰もやっていないけど。

いっぱしの蘇州人ともなると、更に細かい注文をつける。麺の硬さ（硬麺《インミエン》／爛麺《ランミエン》）、スープの量（寛湯《クアンタン》／緊湯《ジンタン》／無湯《ウータン》）、ニンニクの葉や青葱の要否（重青《ジョンチン》／免青《ミエンチン》）、麺と具のバランス（重麺軽澆《ジョンミエンチンジャオ》／軽麺重澆《チンミエンジョンジャオ》）に至るまで、事細かに指定していく。しかも、括弧内に書いたような専門用語を使い、まるで呪文のように言い連ねるのだそうだ。

なんだか初めてラーメン二郎に行く人に向けた事前講習みたいになってきたが、別に旅行者がその呪文を覚える必要はない。最低限自分で選ぶ必要があるのは、スープの種類（紅湯か白湯）と具だけ。あとは店側がその注文に適したスタイルで出してくれるので、気楽に行こう。

僕が最も感銘を受けた蘇式湯麺は、老舗「同得興《トンダーシン》」の夏の名物・楓鎮大肉麺《フォンジェンダーロウミエン》だ。黄金色に輝く白湯の中には極細麺が綺麗に折られて沈み、中央に鎮座する豚三枚肉の周りを青葱が彩る。そのたたずまいのなんと潔く、美しいこと！

ド定番のひとつ、揚げ魚をのせた爆魚麺。スープは紅湯。

こちらも定番、タウナギのとろみ炒めをのせた鱔糊麺。

シンプルなかけそばを味わってから具をのせれば、一碗で二度おいしい。

燜肉（茹で豚肉）と素什錦（精進炒め）の相盛り。二種の具の相盛りを「二澆」、三種なら「三澆」という。

青椒炒鴨胗（ピーマンとアヒルの砂肝炒め）と青菜（茹で青梗菜）で朝ビール。途中から麺にのせるのが酒徒流。

楓鎮大肉麺。食べるたびにその美しさに見とれる。

極細ストレート麺。派手な主張はないが、碗全体をしっかりと支える。

スープは、実にあっさり。旨味も塩気も強い日本のラーメンに慣れていると、味がないと思う人もいそうなほどだ。隠し味は、酒釀《ジウニャン》。粒を残した甘酒のようなもので、これがスープに爽やかなコクを与えている。そもそも楓鎮大肉麵が夏限定の名物なのは、酒釀の発酵に適した季節が夏だからだそうだ。

そのスープと共に、博多ラーメンにも似た極細ストレート麵をすする。具は五百種類以上もあると言われる蘇式湯麵だが、麵はほぼこれだけ。多彩な具を受け止める土台に徹しているわけだが、なかなかどうしてこれが旨い。程よくコシがあり、喉越しがよく、箸が止まらなくなる。メインの大肉《ダーロウ》（焖肉《メンロウ》、白肉《バイロウ》ともいう）は、見たまんまのご馳走だ。箸で触れるだけで崩れるほどの柔らかさで、口に入れればホロリととける。それでいてしつこさなどまるでなく、この巨大な肉塊が瞬時に胃袋の中に消えてしまう。そして、一気呵成に麵を平らげたあと、ふと気付くのだ。なるほど、これなら朝食でも余裕だな、と。

もし蘇州を旅するなら、朝食は全て蘇式湯麵に捧げてもいいだろう。それでも蘇式湯麵の全容をつかむことなど全くできないが、毎回異なる味わいを楽しむことができるはずだ。蘇州へ行ったら、何をおいても蘇式湯麵。お忘れなく！

column 6

変わりゆく中華料理

この世にある全てのものは絶え間なく変化してとどまることがない。これは料理についても真実で、その土地の気候風土、政治経済、周辺地域との交流、技術の革新、食材の伝播などの影響を受け、絶えず変化していく。

無論、中国の中華料理も例外ではない。僕が食べ歩きをしてきたこの四半世紀に限っても、大きく変化したように感じている。

その変化を追ってみると、まず、前世紀後半に始まった改革開放後の経済発展により、全国に交通網が整備され、人の往来が盛んになったことで、ある地域の料理が別の地域へ伝わる速度が飛躍的に速くなった。また、国民所得が増えるにつれて、人々が外食をする頻度が増し、新たな料理に触れる機会も増えた。これにより、それ以前は自分が生まれた地域の料理だけを食べて生きていくのが普通だった人々が、日常的に他地域の料理も食べるようになっていったのだ。

その流れの中で取り分け存在感を増したのが、四川料理と湖南料理だ。スパイシーでインパクトの強い料理が人気を博し、この四半世紀で中国全土を席巻した。今では、元々は辛い料理など食べなかった地域（例えば、広東・福建・上海など）でも四川・湖南料理の専門店が幅を利かせていて、両地域の出身者だけではなく、現地の客で大いに賑わっている。

このように他地域の料理が伝わってきて人気が出ると、現地の料理店でも、それを品書きに加える店が出てくる。一部の店は、他地域の料理が流行るたびにあれもこれも品書きに加えていき、そのうち「はて、この店は一体どこの料理が専門だろう？」と首を傾げてしまうほど、全国各地の料理を取り混ぜて出すようになったりする。美食家で知られる作家の邱永漢は、もう二十年以上前に、そういう「何でも屋」的な店を「籍貫（本籍）のない料理店」と名付け、その増殖を嘆いていたが、増殖は今も続いている。

そして、混じり合うのは品書きだけではない。料理も混じり合っていく。他地域から伝わった料理が元々の形を保ち続ける例も稀にはあるが、大抵そうはならず、現地の好みに合わせて味付けが変わったり、現地の食材や調理法でアレンジされた創作料理が生まれたりする。例えば、上海や広東でよく見かける「大して辛くない湖南料理」とか、海沿いの地域でありがちな「海鮮を使った四川料理」といった類のものである。

それだけでなく、他地域の料理の影響を受けて、現地の料理も変容していく。引き続き四川・湖南料理を例に取ると、これらの激辛料理の隆盛によって、それまで料理に辛味を加えることなどなかった地域の人々が、現地の伝統料理にすら唐辛子や豆板醬を用いるようになったりしているのだ。

このような変化は、もちろん四川・湖南料理によるものだけではない。中国各地で様々な地域の料理が互いに混じり合った結果、「これは○○省の料理です」と断言しにくい新しい料理、言わば「籍貫のない料理」が次々と生まれているのである。

西双版納の茶農家にて。こういう料理を探し求めていきたい。

そういう料理にあまり興味は持てない。しかし、僕が好きな各地の伝統料理だって、元々は他地域の影響を受けて生まれた創作料理だったのかもしれない。今の「籍貫のない料理」の中にも、時の試練に耐え、次代の伝統料理になるものがあるのだろう。

さて、そういった料理の変化に加えて、一般的な味付けの方向性も、この四半世紀で随分と変わったように思う。端的に言えば、昔より濃い味付けが好まれるようになった。これは、経済発展によって、人々が外食をする機会が増えたことが主な原因ではないだろうか。

どの国にも通じる話ではあるが、レストランの料理はお金をもらう料理なので、客にひと口目から美味しいと思ってもらうべく、濃い目のはっきりした味付けが採用される傾向にある。これまで毎日自宅で食事するのが普通だった人々が、その濃い味付けを「プロの味」「店の味」として歓迎する。そして、人々がそのような味付けに慣れてくると、その慣れた舌に標準を合わせて、更にインパクトの強い味付けの店が増える……。

最近、中国で流行している店や料理を見ると、そんな

「味付け濃厚化」サイクルが加速しているように思う。かつて僕が中国各地で感動した滋味深い味わいは、今や相当頑張って探さないと出合えないものになりつつあるのだ。

家庭料理の世界においても、同様の変化を感じる。それを見て取れるのが、中国の料理動画サイトだ。高評価を集めている人気動画の中には、本来は塩だけで作っていたであろう昔ながらの家庭料理にも、様々な調味料を驚くほど大量に投入するものがたくさんある。そこには、僕がかつて中国人の友人宅でご馳走になった料理のように、毎日でも食べたくなる素朴な味わいの面影はない。

なんだかネガティブな話を続けてしまったが、もちろん、経済発展は良い変化ももたらした。外食産業が発達したことで、大都市に住んでいれば、わざわざ中国各地へ飛ばずとも中国各地の地方料理を食べられるようになったのは、実に喜ばしい変化だ。さすがに現地と同じ感動を得るのは難しいものの、上述したような「籍貫」のない店や料理を避け、その地方の出身者に支持されている店を選べば、それなりに本格的な味わいに出合える。

また、流通網の進化で、中国全土から食材を取り寄せできるようになったことも、諸手を挙げて喜びたい変化だ。地方の農家が昔ながらの製法で作る酒、調味料、香辛料、漬物、干し肉など、昔は現地へ旅した時に持ち帰れる分しか買えなかったものが、スマホをいじるだけで自宅に届くのである。これにより、家にいながらにして中国各地の味を楽しめるようになった。

要するに、変化とは善し悪しの片方で語れるものではなく、常に両方をもたらすということだろうか。変化自体は個人の思いで押し止められるものではないので、変化がもたらす良い面を積極的に探して、享受していく姿勢が大切なのかもしれない。

それでも、僕としてはやはり、昔ながらの味わいが変わっていくことに寂寥感を覚える。せめて今のうちに中国全土を食べ歩き、各地にまだ残されている昔ながらの味わいを舌の記憶に留めたいと思っている。

12 成都市

四川省

四川省の省都・成都市《チェンドゥー》が本章の舞台だ。日本では『三国志』の蜀の都として有名で、蜀の宰相・諸葛亮とその主君・劉備を祭った武侯祠には、多くの日本人観光客が訪れる。詩聖と讃えられる唐代の詩人・杜甫が多くの名作を生み出した土地でもあり、彼が暮らした草庵の跡地は杜甫草堂として整備され、市民の憩いの場となっている。

古来、「天府の国」と呼ばれ、肥沃な土地と豊富な物産を讃えられてきた土地だ。だが、盆地ゆえに雲が多く、太陽が出る日は一年を通して非常に少ない。俗に「蜀犬日に吠ゆ（四川の犬はたまに日が差すと怪しんで吠える）」と言われる所以である。湿度も高いため、夏は蒸し暑く、冬は冷え込みが厳しい。

そのような気候で暮らすにあたり、日々の食事で発汗を促進して体内の湿気・寒気を払うため、四川では香辛料を多用するようになったと言われている。中でもその効能を強く持つと言われる唐辛子と花椒《ホアジャオ》（中国山椒）は、四川料理に欠かせないものだ。他地域の人間にとっては劇物のように感じる味付けにも、ちゃんと理由があるのだ。

四川料理ほど、この十数年で日本での存在感が増した料理もあるまい。今や唐辛子と花椒がしっかり効いた本場式の麻婆豆腐を出す店が随分と増えたし、麻辣《マーラー》という言葉が普通に通じる

ようになった。四川フェス（四川料理のフェスティバル）というものが毎年開催されるようになるなんて、二十数年前、成都で初めて本場の四川料理を食べて悲鳴を上げていた頃には想像もできなかった。

そんな中、どの料理を採り上げるかは随分と悩んだ。麻婆豆腐だって成都に初めて行く人にとっては食べるべき料理には違いないが、あまり面白くなる気はしない。そこで、僕自身の好みを中心に据えつつも、まだ日本では馴染みが少なくて、成都まで行かないと体験できないものを選んでみた。刺激的な料理も出るけれど、最後までお付き合い頂きたい。

◉茶座（青空茶館）――最も成都を味わえる憩いの場

四川省が舞台ならば真っ赤な料理が並ぶはずと予想していた方には肩透かしになるが、僕が成都と言われて真っ先に思い出すのは、茶座《チャーズオ》だ。茶座とは成都のあちこちにある青空茶館のことで、大きめの公園や寺院には大抵併設されている。茶館と言っても、敷地内にテーブルや椅子が並べてあるだけだが、この茶座こそが成都市民の憩いの場なのだ。

多くの市民が、朝から茶座に集い、日がな一日のんびり過ごす。多くの中国人が「成都は生活のリズムがゆっくりしている」と評するが、茶座はそのイメージを代表するものだろう。

客はまずカウンターで好きな茶葉を選び、料金を払う。その茶葉が入った蓋碗《ガイワン》（蓋付きの

薬缶を持つおっちゃんの力強い腕。

花毛峰。ジャスミンの花びらがブレンドされているのが四川流。

石榴とトランプ。成都人に負けないくらいだらだらするぞ！

枇杷を買い込んで行ったら、蓋碗も枇杷！　嬉しい偶然。

湯呑み）を持って好きな席に座れば、店員がやってきて湯を注いでくれる。茶葉は、竹叶青《ジューイエチン》や毛峰《マオフォン》といった緑茶のほか、緑茶にジャスミンの花で香りを付けた花毛峰《ホアマオフォン》などのジャスミン茶も人気だ。

お湯の追加は、無料。一杯数元のお茶代だけで、蓋碗にお湯を足し足し何時間も居座れる。もちろん、「そろそろ席をお譲りください」などと急かされることもない。このシステムが、茶座ならではのゆったりとした雰囲気を生み出している。

ぼーっとどこかを見ながらたたずむ孤独な老人あり。麻雀やトランプに夢中なおっさんおばちゃん集団あり。何を話すでもなく、時おり茶をすする老夫婦あり。大きな笑い声を上げながら話に興じる若者たちあり。

平日でも「今は仕事する時間じゃない

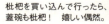

思い思いにくつろぐ人々。成都のことを思い出すたびに、こんな光景が脳裏に浮かぶ。

の？」という年代がたくさんいるのは気になるが、様々な人間模様を眺めているだけでも楽しい。もちろん、周りのことなど気にせず、自分自身がぼーっとしたり、仲間との会話を楽しんだりするのもまた良しだ。

たまにうるさい客がいても、声が空に散るのであまり気にならない。タバコの煙や麻雀の牌の音も同じ。露天ならではの良さだ。露天だからクーラーなどはないのだが、蒸し暑い夏でも茶座は快適だ。木陰で熱い緑茶をすすって汗をかいたところに風が吹いてくると、不思議なほど涼を感じる。そういえば、緑茶には身体を冷やす効果があるとされているので、そのお陰もあるのかもしれない。

大きな茶座には、小吃《シャオチー》（軽食・おやつ）を注文できるところもある。だが、あらかじめ果物や外の店でテイクアウトした料理を茶座に持ち込む客も多い。僕も毎回、枇杷や石榴といった季節の果物を仕入れてから茶座へ向かっていた。

茶座でのんびりしている時に、もし細長い棒と音叉を手にうろうろしている男を見かけたら、是非声をかけてみよう。その男は、采耳師傅《ツァイアルシーフ》(耳かき師)。耳かきのプロだ。

二種の耳かき棒を自在に操って耳の奥の奥まで綺麗にしてくれるのだが、これがもう凄まじい手練手管。痛みと痒みと快感が織り成す三角形のド真ん中を巧みに突いてくるものだから、僕なんて年甲斐もなく「ほわあああ」と声を上げてしまった。音叉の使い方は、体験してみてのお楽しみとしておく。

そうそう、茶座の椅子にも触れておかねばならない。成都の茶座では、かなり高い確率で同じデザインの竹製の椅子が使われている。竹以外には一本の釘すら使わず、竹を曲げたり削ったりして組み合わせたもので、その座り心地のよさといったら、驚くべきものがある。

まず、竹ならではの丸み。椅子のどの部分をとっても、身体に刺さるような刺激がない。また、ひんやりした質感。蒸し暑い成都の夏でも、尻がじめつかない。そして、デザイン。背もたれや肘掛けの傾斜角度や座面の面積などが完璧で、どんなにもたれかかっても椅子から滑り落ちることがなく、クッションもないのに長時間座っていても疲れない。

この竹椅子があるからこそ、みんな茶座に長居することができる。そう断言したい。僕なんてこの椅子に惚れ込み過ぎて、上海在住時に通販で買い求め、帰国後の今もまだ家で使ってい

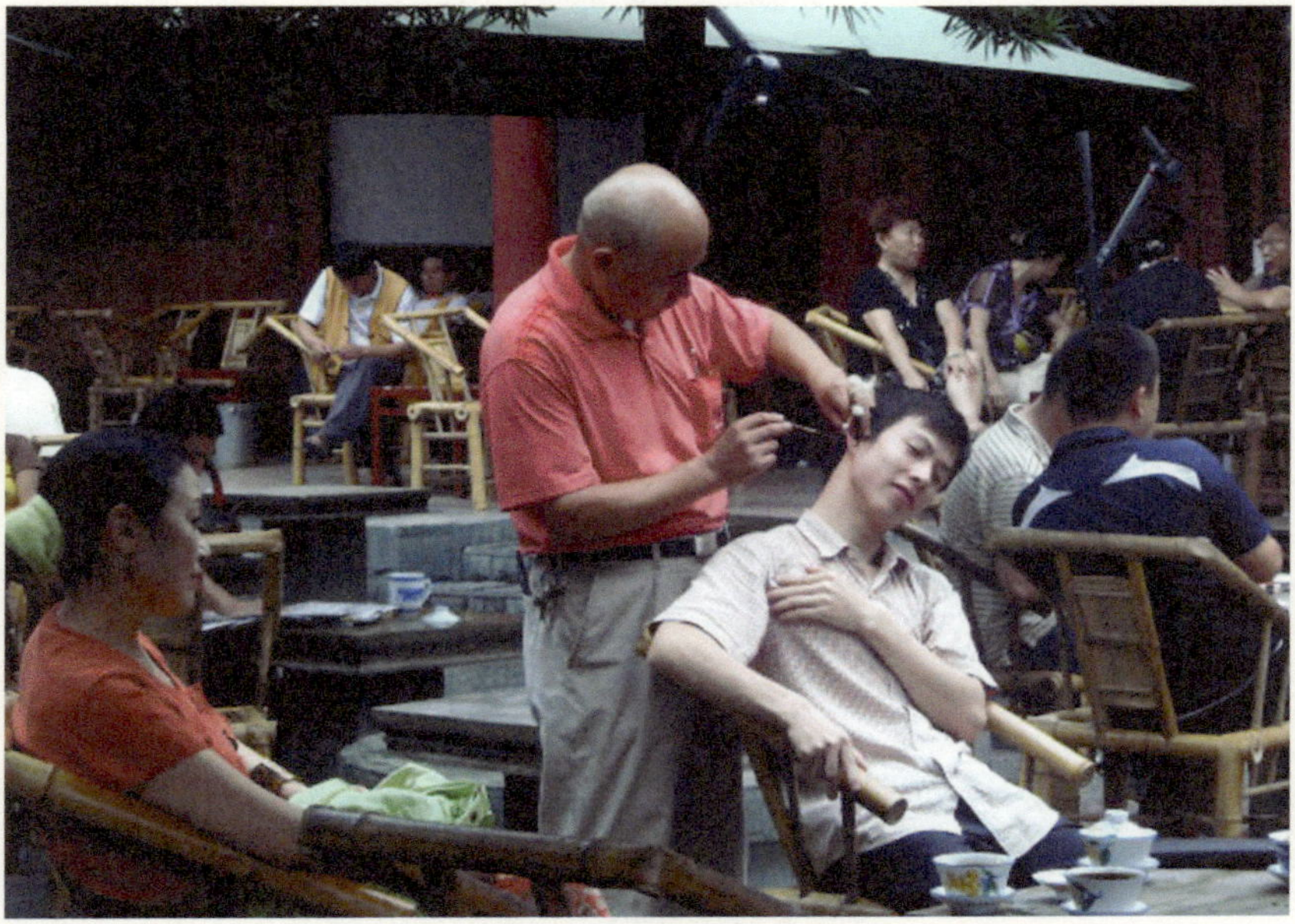

恐るべき技術を持つ采耳師傅（耳かき師）。百聞は一かきに如かず！

これがその竹椅子。座り心地抜群！

るほどである。この椅子に座って中国茶をすすれば、心は瞬時に成都の茶座まで飛ぶというわけだ。

湿った空気。たまに吹くそよ風。涼しげな木漏れ日。ほどよい喧騒。熱々のお茶。そういった些細なものの積み重なりが、何かをしているようで何もしていない時間を豊かに彩ってくれた。今振り返ると、持ち込んだ果物をかじりつつ、周りを真似てトランプに興じていたあの時は、何とも贅沢な時間だったと感じる。

麻辣三昧の食事で火照った身体をクールダウンさせる意味でも、茶座でのティータイムは癒しのひと時になるはずだ。パンダ見物や史跡巡りで忙しくなりがちな成都観光ではあるが、茶座の雰囲気を味わうか否かで、成都という街の印象が大きく変わると思う。

◉手撕烤兎と老媽兎頭（兎の丸焼きと頭の煮込み）――撫でるものではなく、食べるもの

四川人は、兎を偏愛している。中国の他地域でも兎を食べるが、四川省に敵うところはない。一説によると、四川省では一年で四十万トンの兎肉が消費されていて、これは三億羽の兎に相当するそうだ。なぜこれほどまでに兎を食べるようになったのか大いに気になるところだが、残念ながら、これまで説得力のある解説には出合ったことがない。

様々な調理法がある中で、最も豪快なのは手撕烤兎《ショウスーカオトゥー》だ。首を落とした兎を丸ごと炙り焼きに

成都名物・手撕烤兎（兎の丸焼き）。焼き色が食欲をそそる！

鉄串で刺し、炭火の上で焼いていく。

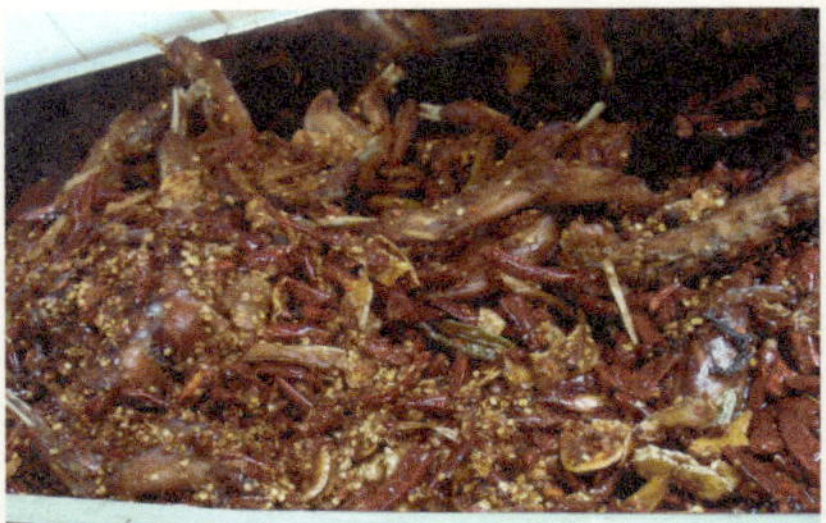

麻辣味の調味料をまぶし、裂いてから供される。

いただきまーす！

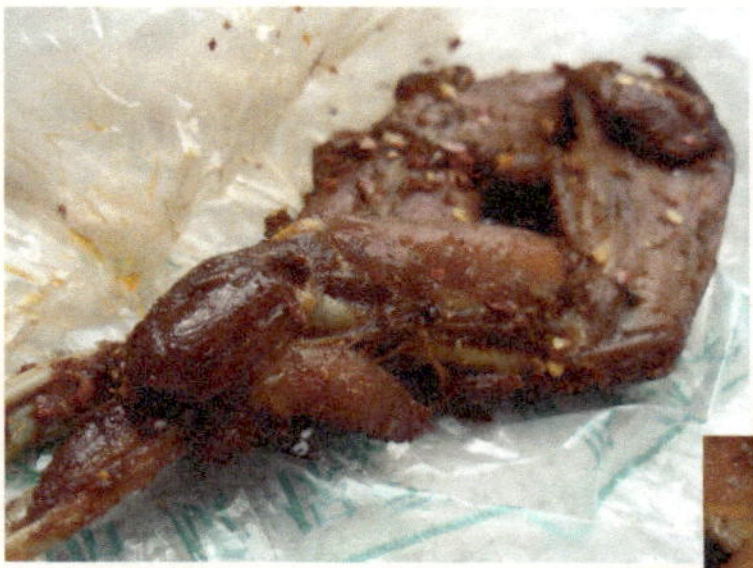

弾力のある腿肉。こちらも旨い。

しっとりとしつつもハリのある旨味の胸肉。

したものである。成都には手撕烤兎一本で勝負している専門店がたくさんあり、その多くがテイクアウトを主体としている。四川人にとっては、日本人がチェーン店のフライドチキンを買って帰るのと同じくらい身近な食べ物なのだろう。

専門店の店頭には炭火の焼き場が据え付けてあって、串刺しになった兎がくるくると回り、飴色に焼き上がってゆく様子が何とも食欲をそそる。四川らしく、焼き上がった兎には麻辣味の調味料をたっぷりまぶし、それから、ひと口サイズに肉をほぐして袋に詰めて供する、というのが基本スタイルだ。

ところが、注文時にこう叫ぶ客もいた。「裂かずに丸ごとくださいな！」。聞いた瞬間、僕も「それだ！」と思ったものだ。ギャートルズの肉の塊がこの世で一番旨そうに見えた子供時代から変わらず、肉なんてものは塊のままの方が旨そうに決まっているのだ。

テイクアウトした烤兎を持って向かった先は、もちろん茶座である。茶座なら、飲食物を持ち込んでも文句は言われない。途中で冷えたビールも買い込んで、陣取った席に烤兎とビール缶を並べた。池から木々を抜けて吹いてくる風が、気持ちいい。ふふふ、こういう野趣あふれる料理にはアウトドアがピッタリだ。

まずは、肉付きのいい胸をむしった。いかにも胸肉って感じの筋があるが、それがビーフジャーキーのようにスーッと裂けて、噛むと柔らかい。肉には下味が付いていて、様々な香辛料の香りがいい具合に染みている。その土台の上で激しく麻辣味が踊り回るのだから、こりゃたまらん！　傍らのビール缶を手に取って、ぐいーー！　である。

お次は、手と脚だ。どちらも胸肉より弾力が増す。取り分け脚はむっちりとしていて、食べごたえがあった。尾は、鶏のぼんじりにも似た脂の風味が魅力だ。胸肉をむしったあばら骨の中には、ハツ（心臓）の楽しみも待っていた。様々な部位を味わえるのが、丸焼きの良さである。

ひと口ごとにビールをあおり、すっかりご機嫌だ。兎肉にはいい意味での野性味があるが、脂身が少ないので、たくさん食べても飽きが来ない。日本でももっと普及してくれればいいのになあ。

さて、ここまでで「切り落とした頭は捨ててしまうの？」と思った方はいるだろうか。そんなもったいないことはしないので、ご安心あれ。成都には冷啖杯《レンダンベイ》という文化がある。これは蒸し暑い夏の夜、青空屋台に集まって作り置きの冷菜を肴にビールをあおるというものだが、兎の頭の冷菜は冷啖杯に欠かせない一品なのだ。

その名も、老媽兎頭《ラオマートゥートウ》。兎の頭をじっくり煮込んで冷ましたものだ。辛さと痺れがガツンと効いた麻辣兎頭《マーラートゥートウ》、様々な香辛料が豊かに香る五香兎頭《ウーシャントゥートウ》など、味付けによって呼び名が分かれる。

見た目は、なかなか刺激的だ。「兎って、こんなに顔が長いんだな」「哺乳類と言うよりは恐竜っぽいよな」「確かに。でもこの歯は間違いなく兎だね」。初めて食べたとき、そんな会話を友人と交わしたことを覚えている。

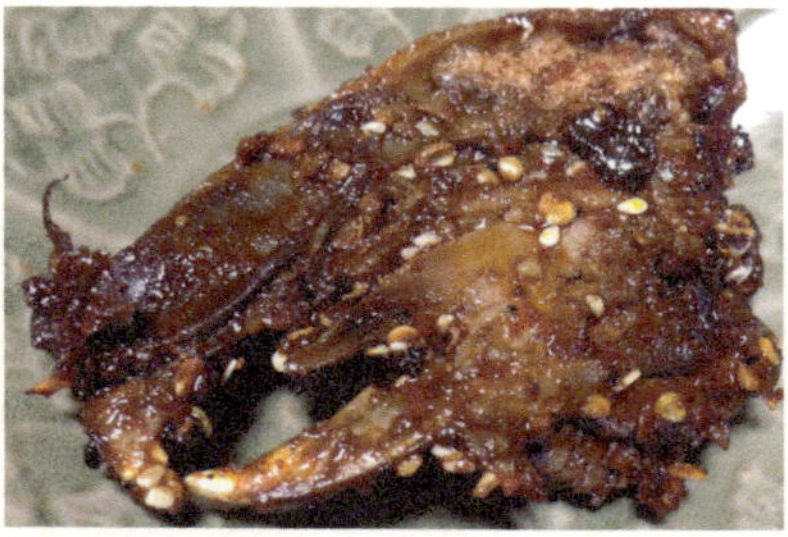
こちらは麻辣兎頭。ビールが進む！

五香兎頭。辛いのが苦手な人はこちらを選ぼう。

これは下顎。中央の舌が旨いのだ。

こちらは脳みそ。取り出すのが結構大変なんだけど、その苦労に見合う美味しさ。

食べ方は、更に刺激的だ。ビニール手袋をはめた手で上顎と下顎をつかんで上下に裂き、解体しながら食べるのだ。肉はもとより、舌や脳みそまで全部食べる。え！　と思うかもしれないが、魚だって頬肉や目の玉が旨いではないか。先入観は捨てよう。

良く動く部分だからか、顎周りの肉はとても美味しい。舌だって、牛タンよりも歯ごたえが脳みそは、弾力があってチーズを思わせる味わいだ。いずれも難点は小さすぎることだが、もっと食べたいと思わせる旨さが備わっていた。

自分が生まれた土地の価値観にしばられて、美味しいものを食べ逃してはもったいない。成都へ行ったら、手や口周りをベタベタにしながら兎の頭をむさぼり、ビールをぐいっとあおる愉しみを、是非とも味わおう。一度食べれば、わかるはずだ。兎の頭は、撫でるものではなく、食べるものだと（上手いことまとめた）！

◉夫妻肺片（牛モツの激烈麻辣和え）――四川料理最強の冷菜

本章の最後は、夫妻肺片《フーチーフェイピエン》に飾ってもらうことにした。日本での知名度はそれほど高くないが、成都の名物小吃のひとつであり、中国ではこの料理を出さない四川料理店は恐らくないというくらいの定番料理だ。

なぜこれを選んだのかと言えば、理由はひとつ。僕が大好きだからである。二十数年前の初成都で惚れ込んで以来、四川料理店に行くたびにほぼ毎回この料理を頼んでいるような気がする。あくまで僕の基準だけど、「四川料理最強の冷菜」だと認定したい。

ひと言で言うなら、牛モツの麻辣和えだ。店によって用いる部位は異なるが、ミノ（第一胃）、ハチノス（第二胃）、ハツ（心臓）、タン（舌）あたりが主力で、頭の皮の肉やスネ肉も組み合わせる。これらの材料を花椒、肉桂、八角、茴香など様々な香辛料と共に柔らかく煮込み、冷ましたあとで薄く切って、麻辣なタレと和えるのだ。

タレは、唐辛子の赤味・辛味を移した紅油《ホンヨウ》、醬油、塩、花椒粉などを牛モツの煮汁に合わせたものだ。味の要となる煮汁は滷水《ルーシュイ》と呼ばれていて、老舗の専門店では数十年前の煮汁に材料を継ぎ足しながら使い続けてきた老滷水《ラオルーシュイ》を売りにしているところもある。

真っ赤な一皿が目の前に供されると、いつもゴクリと喉が鳴る。その先に待っている旨さを知っているからだ。すぐに箸を伸ばしたくなる衝動を抑え、皿の底からごそっと和える。こうすると、底にたまったタレが全体に馴染んで、辛さも痺れも一段上のものになるのだ。

さあ、準備完了。複数のモツを同時にズワッと箸でつまみ、ガバリとほお張る。鼻から抜ける紅油の香りに食欲を刺激されてグワシ！　と歯を嚙み合わせれば、あとはもう陶然とするのみだ。味も食感も異なる様々なモツの旨味が、口一杯に広がる。それに少し遅れて追いかけてくるのが、麻辣《マーラー》の刺激だ。だが、単なる刺激だけでなく、豊かなコクも伴走してくるので、決して単調な味わいにはならない。

わが愛しの夫妻肺片！

脇役たちの働きも、特筆ものだ。何を入れるかの決まりはないが、よく見かけるのは白胡麻、ピーナッツ、香菜。更に、西芹《シーチン》（中国セロリ）、萵筍《ウォースン》（茎レタス）、筍あたりも定番だ。いずれも自身の香りか食感をアクセントとして、全体に軽快なリズムを生むことに貢献している。

こういった脇役とモツを同時にほお張ったときの賑やかさといったら！　麻辣の刺激を主旋律として、マーラーの名曲にも負けぬ多彩な音色が口の中で弾けるというわけだ（くだらないシャレ言ってすみません）。

あまりの旨さに、食べれば食べるほど腹が減ってくる気がするから不思議である。冷菜が食欲を高める為のものだとするなら、これほどその任に適した冷菜はない。いや、待てよ、冷えたビールとの相性があまりにも良

夫妻肺片発祥の店、「夫妻肺片」の夫妻肺片。

こちらの夫妻肺片はモツの下に萵筍と筍がたっぷり潜んでいた。

白胡麻たっぷりのおしゃれ系夫妻肺片。
店ごとに様々なスタイルがある。

こちらの夫妻肺片は、汁気少なめ。でも、しっかり麻辣。

く、宴の序盤から飲み過ぎてしまうことを考えると、本当はあまり適していないのかもしれないが、とにかくまあ旨いのだ。

ところで、夫妻肺片という不思議な名前は、この料理の成り立ちに関係している。一九三〇年代、とある夫婦が煮込んだ牛モツを麻辣味に仕立てた小吃を売り出したところ、大いに人気を博した。当時、牛モツは食べずに廃棄されてしまうような扱いで、それを薄切り（片《ピエン》）にした料理であることから「夫妻廃片」と名が付いた。その後、イメージの悪い「廃」の字を同音の「肺」に改めて、「夫妻肺片」になったのだという。

この説の、中国人が牛モツを食べずに廃棄していたという点に僕は昔から引っかかりを覚えるのだが、そこは流すとしよう。どこかの夫妻の肺が入った料理ではないので安心して食べてくださいということを、ここでは言いたいのである。成都へ行ったら、冷えたビールと夫妻肺片のコンビを必ずお試し頂きたい。

column 7

日常を彩る中国茶

中国は茶の原産地とされており、当然のことながら、古くから豊かな茶文化を有している。中国茶と聞くと、種類や製法が複雑で難しそうと思われるかもしれないが、心配ご無用。市井の人々は、頭でっかちなことは言わず、日々軽やかに中国茶を楽しんでいる。ここでは、中国各地で目にした「日常の中国茶」に焦点を当てたい。

最も気軽な例は、細長い透明の耐熱水筒だ。ある程度歳のいったバスやタクシーの運転手ならば、必ず車内に携帯している。彼らは水筒の中に好みの茶葉と湯をたっぷり入れてから外出し、中身が減ったらお湯を足しつつ（中国にはお湯を足せる場所があちこちにある）、一日中飲み続ける。日本茶と違って中国茶は煎が効くので、こういう飲み方ができるわけだ。

所変わって、会社のオフィスなどで活躍しているのは、蓋付きのマグカップだ。マグカップに直接茶葉を入れ、給湯器から湯を注いで蓋をする。すぐに飲むと水面に浮いた茶葉が口の中に入ってくるので、茶葉がマグカップの底に沈むまで待ってから飲む。僕が暮らした北京、上海、広州のいずれも、社員の多くが蓋付きマグカップと好みの茶葉をオフィスに常備していた。若者も多かったのに、今どき茶葉で茶を淹れるところに感銘を受けたものだ。

では、レストランではどうだろうか。最近は大きなペットボトルで炭酸飲料水を頼む人も増えたが、まだまだ茶が主役だ。大抵は、日本の急須より二回りは大きい茶壺《チャーフー》にたっぷりと茶葉を入れて供される。お湯のつぎ足しは無料なので、実質、飲み放題。食事の最初から最後まで、一卓全員でしっかりと楽しめる。因みに、定番の茶葉は地域ごとに違って、例えば、北京ならジャスミン茶、上海なら緑茶、広州なら紅茶か普洱茶といった具合だ。

　こういった「日常の中国茶」の中でも最も趣深いものが、四川省成都市の章で紹介した茶座《チャーズオ》（青空茶館。２４４頁）ではないかと思っている。或いは、北京の茶館《チャーグアン》（伝統的な演劇や漫才を見ながら、日がな一日茶を飲める）にも枯れた味わいがあったが、今はそのほとんどが観光地化してしまった。

　因みに、そういった個々人に長々と茶を飲ませる場所で使われることが多いのが、蓋碗《ガイワン》（蓋付きの湯呑み）だ。銘々の蓋碗に茶葉を入れて湯を注ぎ、蓋をして供される。上述のマグカップ同様、蓋碗の中には茶葉が入ったままなので、飲むのにはコツがいる。即ち、蓋ごと蓋碗を持ち、茶葉が出てこないよう少しだけ蓋をずらして茶をすするのだ。慣れれば片手でさらっとこなせるので、それを自然にやれるようになれば、「日常の中国茶」の初段認定といったところである（笑）。

　その他の地域で取り分け印象的だったのは、福建省南部や広東省北部で親しまれている工夫茶《ゴンフーチャー》だ。工夫茶は、まるでままごとのように小さな茶壺や茶杯《チャーベイ》を使って茶を淹れるところに特徴がある。

　この地域では、道端のあちこちで中高年の男女が茶を飲んでいた。ある者は屋台で物を売りながら、ある者はトランプに興じながら、ある者はただボーッとしながら、皆、自由気ままだ。だが、屋外にもかかわらず、誰もが年季の入った工夫茶の茶器セットを使っているところに、茶が深く日常に根差していることを感じた。表情も動作も緩やかなまま、手慣れた手つきで小さな茶器を使いこなす彼らの姿には、真の実力を隠して市井に潜むカンフーの達人のような風格があった。

　工夫茶は、商談の世界でも欠かせぬものだった。周囲から老板《ラオバン》（ボス）と呼ばれるくらい職位が高い相手を訪ねると、その執務室の応接テーブルの上には、必ず工夫茶の茶器セットが整っていた。しかも、客人にお茶を淹れてくれるのは、お茶くみの若手社員などではない。大抵は、そのボス自らが茶器を手に取るのだ。

電気ポットで沸かした熱湯で茶器を温め、洗茶《シーチャー》（茶葉を熱湯で洗うこと）し、各人の杯に茶を注ぐ。どのボスも、その一連の流れが実に流麗だった。手元も見ず、会話をしながら手を動かしていたので、無意識で行えるくらい手馴れた事なのだろう。

工夫茶の茶杯はひと口で飲み終わるサイズだから、ボスはひっきりなしに茶を淹れ続けることになるのだが、それが客人への厚いもてなしを意味しているようでもあった。そして、茶を注ぐ、注がれるという行為が潤滑油になって、初対面でも打ち解けた雰囲気が漂ってくるのである。

日本の茶道も元々は戦国武将の社交手段として発達したわけだが、その初期段階と同じニュアンスを感じた。恐らく、客人に茶のひとつも淹れられない人間は、この地域では一人前ではないのだ。そういう世界では、茶を出された方もただ飲むだけではない。しっかりと賞味することが、皆、自然と身に付いている。

一人目が鉄観音をすすって「これは清香型《チンシャンシン》（香りが軽いタイプ）？　最近の流行りだな」と言えば、もう一人が「ああ。これは春茶だから、やや味が軽いようだな。秋茶は十一月を待たないと」と応じる。また、ある人が「二煎目の方が良くなったな。味が出てきた」と言ったかと思えば、別の人は「これは水がいいからだろう。どこのミネラルウォーターだ？」と聞いたりする。

途中で茶葉を別の種類に替えながら、商談とも雑談ともつかぬ話が一、二時間と続く。「鉄観音は茶酔いしやすいから糖分を摂りなさい」と、色々なお茶請けも出てくる。「乾杯！　乾杯！」と騒がしい夜の酒席とは違って、何とも悠々とした時間だった。

僕が見たところ、街角の人々にも、商談の人々にも、茶を淹れることを「道」だ「芸」だと気負っている雰囲気はまるでなかった。しかし、彼らが極自然に中国茶を楽しんでいる姿からは、成熟した文化の香りがしたように思う。

このような経験を経て、僕自身にとっても中国茶は日常になった。幸い、広州在住時は世界最大級の茶市場である芳村市場が近くにあったので、週末ごとに連れと入り浸り、様々な中国茶の味見を繰り返していた時期もある。当然、会社には蓋付きマグカップと茶葉を持ち込み、応接室には茶器セットを置いた。出張にはいつも、好みの茶葉を何種類か小分けにして持って行った。そうそう、工夫茶が普及している地域はこの点もさすがで、安いホテルでも部屋には工夫茶の茶器セットが置いてあった。激しい宴会の後、部屋で中国茶を淹れてホッとひと息ついた時間のことが、今も懐かしく思い出される。

因みに、中国茶を入れる手順を様式化したものが、「中国茶藝《ジョングオチャーイー》」だ。上述の工夫茶をベースに、聞香杯《ウエンシャンベイ》（香りを楽しむための細長い杯）や茶海《チャーハイ》（茶の濃度を均一にするためのピッチャー）といった茶器が追加され、新たな様式が確立された。

しかし、茶藝館のような特殊な場所を除けば、中国で中国茶藝を見かけることはほとんどない。何故なら、今のような様式が整えられたのは、二十世紀後半のこと。当時、中国本土より相対的に豊かだった台湾や香港で様式の整備が進み、それが改革開放後、急速に経済発展を遂げた中国本土にも伝わった。そういう比較的新しいものなので、市井の人々には馴染みがないのである。

僕は「如何に茶の香りと味を楽しむか」を主眼に置いた中国茶藝の実質的な発想には、好感を持っている。そして、実を言えば、我が家には小さな茶藝館を開けそうなくらいの中国茶器と茶葉がある。

ただ、最近の現地の教本を見ると、花を飾ったり、音楽を流したり、衣装に凝ったり、何だかよく分からないところまで様式化が進んでいる。恐らくは、日本の茶道の向こうを張って、中国茶藝を総合芸術的なものに仕立てたいのだと思う。

そこまで行くとちょっと付き合えないなあというのが、僕の正直な感想だ。僕はあくまで市井の人々と同じように中国茶を楽しんでいきたい。とはいえ、これはあくまで個人の視点。そもそも当の中国では、遥か昔から全ての様式が存在していたことになっているようなので、その点はご注意頂きたい（笑）。

13 北京市

本章では、いよいよ中国の首都・北京市が登場する。十二世紀以降、金、元、明、清と代々の王朝が都を置いた古都だけあって、堂々たる風格を備えた都市だ。

陽光を受けて黄金色に輝く紫禁城の甍《いらか》。抜けるような青空に映える瑠璃色の天壇。降りしきる雪より一層白い北海の白塔。遥かな地平まで延々と続く万里の長城。柳絮《りゅうじょ》が舞い散る迷路のような胡同《フートン》。その全てが絵になる。

僕にとって、北京は中国で最も思い入れの強い都市だ。初めての中国旅行も、初めての中国留学も、出張も駐在も全て北京だった。そもそも僕が今ここで中華料理について書いているのだって、大学生のとき、北京で初めて食べた本場の中華料理の旨さに度肝を抜かれたことに端を発している。

北京の料理は甘味の少ない硬派な味付けで、塩、醤油、黒酢などをシンプルに用い、奇をてらうところがない。広東料理のような華やかさや四川料理のような激しさがないせいか、日本での知名度は低いが、素朴ながらも懐の深い味わいは、毎日食べても食べ飽きない。もし僕が「今後ずっと中国のひとつの都市の料理しか食べてはいけない」と言われたら、迷わず北京を選ぶだろう。

現在、北京の人口は約二千二百万人。その大多数は漢族で、少数民族の比率は数％に過ぎない。だが、この街にはかつて女真族、モンゴル族、満族といった漢族以外の王朝が栄え、多くのムスリム（イスラム教徒）が移り住んできたという歴史があり、その多民族性が漢族由来の料理に影響を与え、独自の料理を生んだ。

北京の名物料理には「清真菜《チンジェンツァイ》（ムスリム料理）」がたくさんあるし、羊肉の存在感も際立っている。その街の歴史を舌で味わうのは、楽しいものだ。

本章でどの料理を採り上げるべきかは、これまで以上に悩みに悩んだ。書きたいものを全部書くのは無理と諦めをつけてからも更に悩んだが、結果として、僕自身も大好きで、なおかつ初めて北京に行く人が食べても楽しい料理を選択できたのではないかと思う。

◉炸醤麺（ジャージャー麺）と褡褳火焼（北京式棒餃子）――帝都が誇る「麺食」の双璧

中国北方に位置する北京は、麺食文化圏に属する。ここでいう「麺食《ミエンシー》」とは小麦粉（粉もの）料理の総称で、いわゆる麺だけでなく、餃子や饅頭《マントウ》をはじめとして、とんでもなくたくさんの種類がある。

その中でも、北京に行ったらまず食べたいのが炸醤麺《ジャージャンミエン》。日本のジャージャー麺の源流だが、まるで別物だ。本場は、麺を出すスタイルからして違う。

北京は炸醤麺（ジャージャンミエン）の本場だ。

店員のあんちゃんが、小気味よい音を立てながら小皿の具をどんぶりに投げ入れていく。

前頁の写真のように、茹でたての麺と肉味噌は別々に供される。それだけでなく、胡瓜・枝豆・もやし・人参・紅芯大根・芹菜（中国セロリ）の茎といった多彩な具も、全て別々の小皿に分けられている。店員は大きな盆でそれらをテーブルまで運び、客の目の前で小皿の具を麺が入った大きなどんぶり（その大きさゆえに「海碗《ハイワン》」という）にチャチャチャッと投げ入れていくのだ。目にも留まらぬその早業に、自然と期待が高まってくる。

炸醤麺の麺は、かん水を入れない素朴な太打ち麺だ。コシを重視しない中国麺文化の中にあって、この麺には讃岐うどんにも似たむっちりとしたコシがある。

麺の食べ方にも讃岐うどんに似た区別があり、茹でたて熱々のいわゆる「あつ」に当たるのが「鍋挑《グオティアオ》」、麺を水で締める「ひや」に当たるのが「過水《グオシュイ》」という。どちらが正統派なのかは北京人の間でも意見が分かれているようだが、初めてならば「あつ＝鍋挑」をお勧めしておく。

別途渡される肉味噌は、豚肉を小さな賽の目に切って白葱や生姜と炒め揚げにし、甜面醤《ティエンミエンジャン》や黄醤《ホアンジャン》（＝味噌）で味付けしたもので、香ばしさと旨味の塊である。好みの量を麺の上に載せて、碗の底からぐわしゃぐわしゃとかき混ぜる。真っ白な麺が肉味噌の黒に染まってぬらぬらと輝く頃には、麺の熱で温まった肉味噌がぶわんぶわんと香り立ってくる。嗚呼、なんて官能的。

高まった食欲に突き動かされて麺を頬張れば、そのまま箸が止まらなくなる。ムチリとしているがブチリとは切れず、歯に馴染む感じの麺がとても旨い。焦がし葱の香りをまとった肉味

色々な野菜が楽しめるのも、
炸醤麺のよいところ。

肉味噌オン！　店によっては肉味噌が油っこすぎたり
しょっぱすぎたりするので、少しずつ足してみるといい。

和え麺の鉄則で、混ぜれば混ぜるほど旨い。
どうです、この輝き！

一度食べ始めたら、もう止まらない。

ほんわりと小麦が香る麺湯。

噌のキリッとした塩気と旨味がまた最高で、その硬派な土台の上で、シャキッ、ポリッ、シュクッと様々な具が小気味よい音を立てる。このシンプルで骨太な味わいは、和え麺のひとつの頂点だと思う。

一気呵成に食べ終えたら、麺湯《ミエンタン》（麺の茹で汁）をすするのを忘れずに。日本の蕎麦湯のようなものだが、「原湯化原食《ユエンタンホアユエンシー》」といって、あるものを茹でた汁を飲むとそのものの消化を助けると信じられているのだ（因みに、水餃の茹で汁は餃子湯《ジャオズタン》という）。その真偽はともかく、柔らかな小麦の香りにホッとすること請け合いである。

さて、他にも僕が愛する北京の小麦粉料理はたくさんあるのだが、紙幅には限りがあるので、初北京の人に食べて欲しいもの、なおかつ北京でないと食べられないものという視

焼き色が食欲をそそりまくる褡褳火焼（ダーリエンフオシャオ）。

これは羊肉胡蘿蔔（羊肉×人参）。羊肉の風味と人参の甘味がベストマッチ。

点で、あとひとつだけ紹介する。

それは、北京式棒餃子・褡褳火焼《ダーリエンフオシャオ》だ。褡褳という布製の細長い財布に形が似ているので、その名がある。要は春巻みたいな形状の焼き餃子だが、香ばしく焼き上がった皮はこんがりキツネ色に輝き、これで卓上が埋め尽くされる様子を見ると、僕はいつも多幸感に満たされる。

餡の多彩さも魅力で、豚肉・羊肉・牛肉・卵の四種のベースに様々な野菜を組み合わせるので、バリエーションは数十種類にも及ぶ。そのどれもが北京ではありふれた食材を使っているにもかかわらず、食べればハッとするような組み合わせの妙があり、その旨さに中国の食文化の奥深さをしみじみと感じることになる。

僕が好きな餡を厳選すると、猪肉茴香《ジューロウホイシャン》（豚

肉×ウイキョウの葉）、羊肉胡蘿蔔《ヤンロウフールオボ》（羊肉×人参）、牛肉尖椒《ニウロウジエンジャオ》（牛肉×時たま激辛も混じる甘長唐辛子）、鶏蛋西胡蘆《ジーダンシーフールー》（炒り卵×ペポカボチャ）かな。ま、どれもハズレはないので、好きな餡を頼めばいいと思う。

　さあ、いただきます。厚過ぎず薄過ぎず、カリッと感と歯応えを兼ね備えた皮の中には餡がぎっしり詰まっていて、噛めば肉汁がほとばしる。人類が焼き餃子に求めるものが完璧な形で再現されていて、果てしなくビールを呼ぶ。呑める主食とは正にこれのことだ。黒酢をたっぷりつけるといい具合に油を切ってくれて、いくらでも量をこなせる。

いくらでも持ってこい！　と叫びたくなる旨さ。ビールは、地元の燕京啤酒の中でも最も安い普啤で決まり！

　日本の焼き餃子と比べるのもなんだが、皮自体の旨さが圧倒的で、多種多様な肉と野菜がいっぺんに楽しめて、後味が軽やかなので、僕の中ではこっちが完勝。食べるときはいつも無我夢中だ。餡にニンニクが入らないところも、食材ごとの香りや甘味をより繊細に味わうことに貢献している。

中国北方で餃子と言えば基本は水餃子で、それも最高に旨くて大好きなんだけど、この褡褳火焼はそれに勝るとも劣らぬ美味だ。特に、「餃子と言えばやっぱ熱々の焼き餃子にビールでしょ！」という感覚で育つ我々日本人こそ、必ず一度は試すべき美味だと確信している。


酒徒精選！

◉老北京下酒菜（酒徒が選ぶ！　北京の酒肴）——四季の酒肴で白酒を舐める

地元に根付いた店で、その土地ならではの料理を肴に地酒を飲む。旅好きの酒飲みにとっては、何にも勝る悦びだろう。その悦びは、北京でも大いに味わうことができる。それどころか、僕にとって北京は「中国版・毎食酒を飲みたくなる都市」ランキングで、長らく不動の一位を占めている。

北京の料理は、とにかく酒を呼ぶ。甘味の少ない硬派な味付けは、正に酒飲み好み。素っ気ない見た目で地味な色合いの料理ばかりが並ぶが、その武骨さが却って酒飲みの心に響く。そして、いざ口に運べば、味は千差万別。その旨さに酒杯を高く掲げたくなる。

この骨太な料理に合わせるべき酒は、白酒《バイジウ》をおいて他にない。高粱《コーリャン》、小麦、とうもろこしなどの穀物を土中で固体発酵させてから蒸留する中国ならではの酒で、中国北方で酒と言えば、ビールでも紹興酒でもなく白酒である。なかでも、北京で飲むべきは二鍋頭《アルグオトウ》。アルコール度は泣く子も黙る五十六度。セメダインにも喩えられる独特の芳香と焼けるような喉越しが特徴だ。

この酒を宴会で一気飲みさせられて嫌いになってしまっている日本人も多いと思う。だが、食中酒としてちびりちびりやれば、北京料理との相性の良さに驚くはずだ。疑うならば、北京のローカル店に入って周りを見渡してみるとよい。二、三皿の料理を前に小瓶サイズの二鍋頭をすすっている老北京人《ラオベイジンレン》（北京っ子）が必ず一人や二人は見つかるはずだ。僕は初めての北京旅行でその姿に感じ入り、この世界に仲間入りした。

さあ、今日はどの料理を頼もうか……と考えれば、瞬く間に二十や三十の候補が頭に浮かぶ。そこをぐっと我慢して、今回は北京の四季も意識しつつ、北京ならではの涼菜《リャンツァイ》（冷菜）をいくつか選んでみた。熱菜《ラーツァイ》（温かい料理）だってもちろん旨いが、酒飲みにとって、冷めることを気にせずにのんびりつまめる涼菜こそが真の友ではないかと考えたからだ。

まずは、香椿豆腐《シャンチュンドウフ》。春先に芽吹く香椿という樹木の若芽はやや赤味がかった色をしているが、湯がくことで鮮やかな緑色に姿を変える。それを刻み、塩や胡麻油と共に豆腐と和えたものだ。

この若芽には、ムワーンとした独特の匂いがある。初めての人はまずウッとむせるような匂いだが、慣れればそれがクセになるのは、この種の食材全般に共通することだろう。口一杯に香椿と豆腐をほおばり、鼻から抜ける香りを十分に楽しんだあとで二鍋頭をすするのが、僕にとって春の北京の愉しみだ。

夏になったら、茄泥《チエニー》の出番だ。皮を剥いてトロトロに蒸した茄子を箸で裂いてペースト状にする。常温まで冷めたら、刻むかすりおろすかしたニンニクを添えて、胡麻だれをペトリ。胡麻だれは塩主体の潔い味付けで、茄子の甘味を主役と心得た塩梅が見事だ。口の中に広がるまったりとした旨味の中で、ピリッとした生ニンニクの辛味が実に効果的。単純に見えて、色々考えてある料理だ。

暑いときも寒いときも頼みたくなるのが、豆児醬《ドウアルジャン》。豚の皮の煮こごりで、細切りの豚皮に加えて、大豆、人参、熏干児《シュンガアル》（燻製押し豆腐）といった面々が色味と食感に華を添えている。

北京料理の食卓。華やかさには欠けるが、これほど酒に合う料理もなかなかない。

小瓶サイズの二鍋頭は、通称「小二（シャオアル）」。これをあおれば、気分は北京っ子だ！

香椿豆腐。この見た目からは分からぬクセがある。

濃いが濃すぎない醤油味に生姜や香辛料の風味が調和し、舌の上で溶け出す旨味とニンニク黒酢ダレが混じり合うと、「二鍋頭を持って来い！」と叫びたくなる。日本の居酒屋でエイやサメの煮こごりをつまみにひや酒をすするのとはまた違った愉しみが、北京にはあるのだ。

そして、北京の冬と言えば、何をおいても白菜である。その白菜を使った酒肴というと、真っ先に名が挙がるのが芥末墩児《ジエモードウアル》だ。輪切りにした白菜に熱湯をかけて軽く火を通し、たっぷりの辛子粉・砂糖・白酢をまぶして数日間漬けこむ。左頁の写真をご覧あれ、真っ黄色のビビッドな外観が衝撃的だ。

香椿の匂いに慣れたら、涼拌香椿（香椿単体の和え物）や香椿炒蛋（香椿の卵炒め）もオススメ。

茄泥。ご覧のとおり見てくれは悪いが、心とろける旨さ。茄子の甘さを堪能できる。

豆児醤（ドウアルジャン）で独酌。右後ろは、涼拌苤藍絲（コールラビの細切り和え）。

見た目どおりの激烈な辛子の刺激。だが、それがいい。ガバッと頬張り、ツーンとくる刺激に涙を浮かべながら舐める二鍋頭がまた旨い。刺激に慣れてくると、強烈な辛味を程よい甘味と酸味が支えているからこその旨さだと気付く。食べ終わると口内はすっきり爽やか。箸休めの役割も果たしてくれる優れた酒肴である。

最後は、麻豆腐《マードウフ》にご登場願おう。実は涼菜ではなく熱菜だが、「北京の酒肴」と銘打ってこれが入らないようでは体《てい》をなさない。くれぐれも四川料理の麻婆豆腐と混同することなかれ、麻豆腐は北京にしか存在しない強烈な個性を持った料理である。

芥末墩児。ここまで辛子を前面に押し出した料理は中国では珍しい。

麻豆腐。僕は北京に行ったら必ずこれで白酒を飲むことにしている。

これも麻豆腐。店によって食感や風味が結構変わる。食べ比べも楽しい。

なんせ見た目からしてこれだ。緑豆で春雨を作るときに出る搾りかす（要は、緑豆のおから）を炒めて、熱々の辣椒油を回しかけてある。灰色の山の中には、大豆や枝豆や刻んだ青菜の漬物が潜んでいる。

お世辞にも食欲をそそるとは言い難いビジュアルだが、味の方も一筋縄ではいかない。緑豆のおからは搾る前に発酵しているので、ヌオンとした匂いと酸味がある。それに加えて、炒め油には羊油《ヤンヨウ》（羊の脂）を使うため、羊の匂いも濃厚にただよう。

ややみっしりとしたおからを口の中で溶かすように噛み合わせると、発酵の旨味や酸味とともに緑豆や羊油の風味が口の中にふわーっと広がっていく。コリコリした枝豆やシャキッとした青菜の漬物の食感も楽しみつつ、唯一無二の混然とした旨味をゆったり楽しみ、最後に二鍋頭をぐびり。たまらん！

人を選ぶ味かもしれないが、酒飲みや発酵料理好きならぞっこんになること請け合いの一品だ。僕にとっては、ひと口で「北京に来たなあ」と思える大好物である。

まだまだ色々書きたくてうずうずしているけど、このへんにしておこう。あ、本項で紹介した料理は下戸の人でも絶対に楽しめると思います。念のため。

涮羊肉で酒宴。銅鍋の周りに様々な羊肉と具が並ぶ幸せな図。

◉爆肚と涮羊肉（茹でモツと羊肉しゃぶしゃぶ）

——九種のモツと八種の肉

本章のトリは、僕が最も愛する北京料理の黄金コンビ・爆肚《バオドゥ》と涮羊肉《シュアンヤンロウ》に飾ってもらうことにする。

北京は、世界最高峰のモツ料理が楽しめるモツ天国でもある。毎朝さばかれる羊・牛・豚から新鮮で多様なモツが供給され、様々なモツ料理に姿を変える。その中でも、最も単純にして至高の存在が、爆肚《バオドゥ》だ。羊もしくは牛のモツをぐらぐら煮立った湯でさっと湯がいて皿に盛り、胡麻だれをつけて食べる。それだけのものだが、これがもうおびただしく旨い。

まず驚くのは、モツのバリエーション

の豊富さだ。専門店ともなれば、羊のモツだけで九種類もの選択肢がある。羊肚芯《ヤンドゥシン》、羊肚仁《ヤンドゥレン》、羊肚領《ヤンドゥリン》、羊肚板《ヤンドゥバン》、羊葫蘆《ヤンフールー》、羊散丹《ヤンサンダン》……とまるで暗号のようだが、そのどれを選んでも臭味は皆無。鮮度抜群のモツを丹念に下処理するからこそである。

何を頼むか悩んだら一番に試してほしいのが、爆肚界の女王と呼ぶべき存在・羊肚仁《ヤンドゥレン》だ。白く艶やかに輝く塊を口に入れると、モキュンモキュンというか、シャキュッシャキュッというか、およそモツとは思えぬ不思議な食感の奥から、ぴゅるぴゅると旨味が広がってくる。一体どの部位かと言えば、「羊のミノの周りに隆起した筋の皮を剥いたもの」である（笑）。この部位ひとつを取っても、北京人が如何に繊細にモツを食べ分けているかご理解頂けることだろう。

モツをつける胡麻だれは、芝麻醤《ジーマージャン》（練り胡麻）、醤油、酢を基本として、店によっては腐乳、すりおろしたニンニク、胡麻油、蝦油《シアヨウ》などを加える。薬味は刻んだ葱と香菜。この胡麻だれの出来が店の格を決めると言われている。名店の胡麻だれは、豊かな胡麻の風味とほのかな酸味や香ばしさのバランスが絶妙。たっぷりと浸してもモツ自体の味を損ねず、最後までしつこさを感じさせない調合が見事だ。

さて、お次は牛のセンマイ・牛百葉《ニウバイイエ》にご登場願おう。黒と白のコントラストが実にセクシー。口に放り込めば、その色気は更にあふれ出す。ブリュンブリュンブキュンという肉感的な食感の迫力とそれに負けない豊かな旨味に、僕はいつもメロメロ。爆肚界のマリリン・モンローで

美しき羊肚仁。希少部位なので、爆肚の中では最も値が張る。

胡麻だれ。

爆肚界のセックスシンボル・牛百葉。

楚々とした風情が食欲をそそる羊散丹。

ある。

それと好対照を成すのが、羊のセンマイ・羊散丹《ヤンサンダン》だ。牛センマイに比べて薄い分、ミチッミチッと中身の詰まったような食感をしており、噛むごとにゆっくりと染み出てくる旨味が魅力だ。くすんだ灰色をした地味なたたずまいの裏に秘めた色気は、まるで浅葱鼠の紬を着た日本美人のようである（バカなことを言っている自覚はあります）。

他にも何種類もあるので、毎回どれを頼むか悩みまくる。大人数で行って全種類頼んでみたいとも思うが、そうなると一つの種類を少しずつしか食べられないことになり、却って満足感が減る気もする……などと、悩みは尽きない。爆肚は北京でしか食べられない絶品料理なのに、日本のガイドブックにはあまり載っていないので、食べ損ねている人が多いのではなかろうか。超絶に勿体ないので、これを見て北京に行く人は必食！ である。

さて、爆肚を食べ終えたら、涮羊肉《シュアンヤンロウ》（羊肉しゃぶしゃぶ）の出番だ。くるくる巻きになったピラピラ冷凍肉の涮羊肉は日本でも食べられる店が増えてきたので、ご存じの方も多いだろう。あれはあれで旨いものだが、北京で本式の涮羊肉を食べたら、何事も上には上があることを思い知らされるはずだ。

本式の涮羊肉は、中央に筒が付いた銅鍋と炭火で食べるのがお約束。鍋底《グオディー》（ベースのスープ）は至ってシンプルで、単なるお湯に薬味の白葱と生姜を入れる程度だ。下味が付いたスープは、本来邪道。まずはひたすら羊肉を食べ、羊肉のダシが出たところで他の具を煮るのである。

イチオシは黄瓜条。腿の内側の部位だそうだ。

色々な部位をガツガツ食べよう！（あとから見ると、どれがどれだかわからない。笑）

テーブルの真ん中にドンと居座る銅鍋。テンション上がるぜ！

シンプルイズベストの鍋底。余計なものはいらない。

更なる特徴は、羊肉の選択肢の豊富さとその鮮度だ。部位ごとに八種に分かれており、脂と赤身の比率や歯応えが異なる。どれも手切りの生肉で、ピラピラ冷凍肉と比べて、ジューシーさと柔らかさが段違い。割と厚切りなのに、口の中で溶けるのが不思議だ。部位ごとに異なる食感や旨味の食べ比べも楽しくて、いくらでも食べられそうな気がしてくる。

具をつけて食べる胡麻だれが店の競いどころになっている点は、爆肚と同じだ。但し、爆肚のたれとは調合が異なり、芝麻醬をベースとして韮菜花《ジウツァイホア》（韮の花の発酵ペースト）や腐乳など十数種類の材料を用いる。名店ともなれば、濃にして厚だがくどさのない、絶妙の調合を見せてくれる。

主役の羊肉と二鍋頭を交互に胃袋に放り込み続ける狂乱のひと時が一段落したら、サブメンバーの出番だ。定番は、春菊、白菜、酸菜《スアンツァイ》（白菜の漬物）、香菜、凍豆腐《ドンドウフ》（しみ豆腐）、春雨、椎茸、木耳、エノキダケなど。ぶっちゃけ、何を入れようが全て羊肉のダシを吸ってご馳走になる。体内に溜まった「肉気」をたっぷりの野菜で中和していくと、実に心地よい満腹感が得られるというわけだ。

更に、涮羊肉には欠かすことのできない脇役が二つある。糖蒜《タンスアン》と麻醬焼餅《マージャンシャオビン》だ。糖蒜はニンニクの甘酢漬けで、羊肉をがっつく合間にかじると良い箸休めになる。麻醬焼餅の麻醬は胡麻だれのこと。芝麻醬に花椒粉や塩を加えた胡麻だれを小麦粉の生地の中に巻き込んで焼き上げた胡麻パンで、〆に食べる。白胡麻がまぶされた表面はカリッと香ばしく、中は生地が十数層に

胡麻だれの旨さは突き抜けたものがある。

肉も野菜もたっぷり採れるところが、鍋料理の良さ。

箸休め役の糖蒜。ニンニクだけど、食べるとさっぱりする。

〆には焼餅。香ばしさがたまらない。酒のつまみにもなる優れたパンだ（笑）。

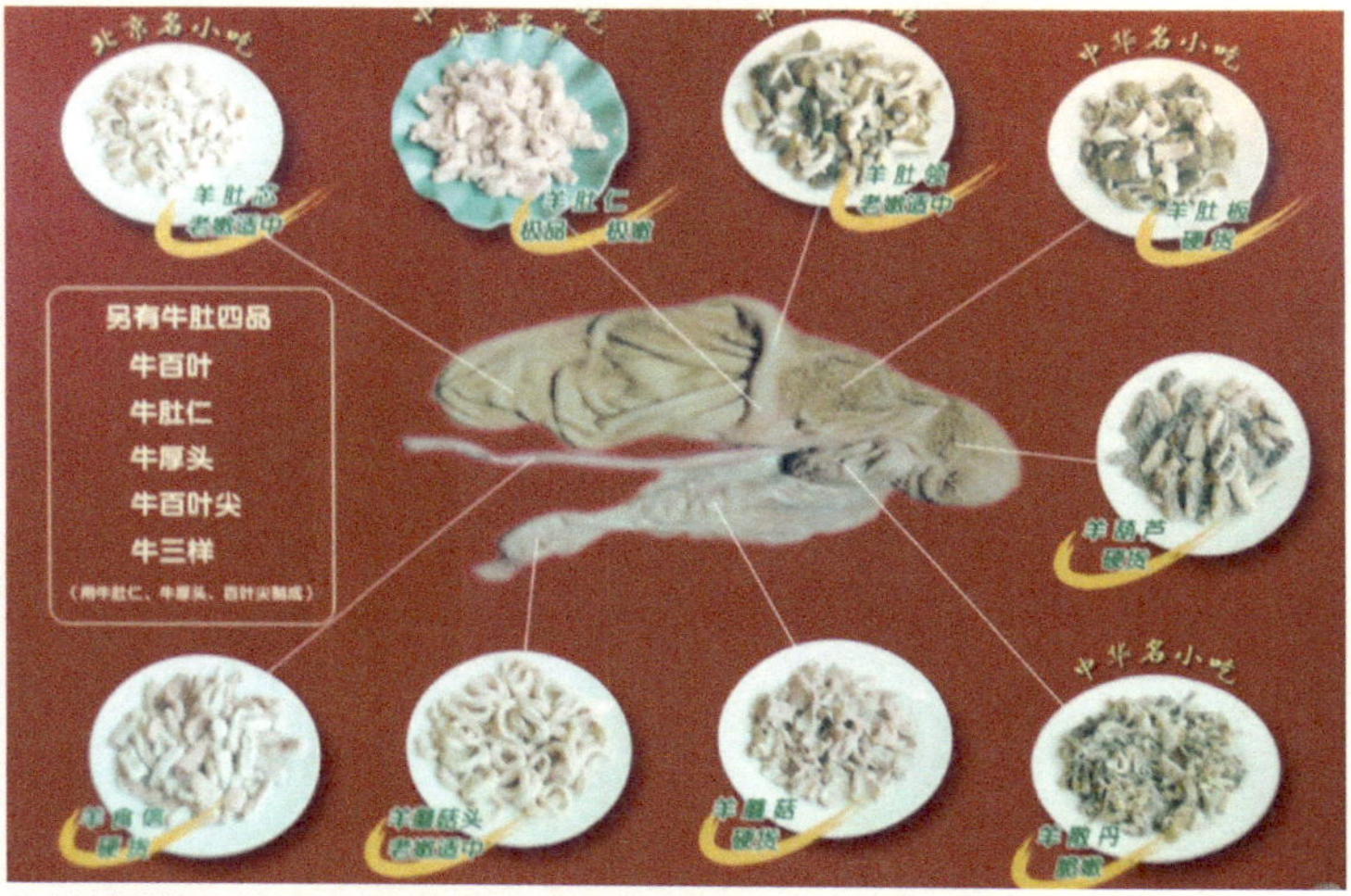

某老舗専門店の壁にあった図表。これを見たら全部制覇したくなるのが人情。

これまた某店の図表。羊肉の部位を選べる、ということにワクワクしてくる。

も重なっていて少しモソモソするのだが、これを鍋の汁で程よく薄まった胡麻だれに浸して食べると、素晴らしく美味しい。

僕は毎回、焼餅を食べ終わるころには満腹泥酔で夢見心地になっている。「え、でも私、モツも羊肉も苦手なんだけど」という人もいるかもしれないが、そういう人には「きっと今まで食べたモツと羊肉がイマイチだっただけですよ」と言っておこう。北京で食べれば、あなたのモツ観と羊肉観が変わることを保証する。

レシピ⑥　作って食べよう

北京料理

北京菜

老北京涮羊肉

（北京式羊肉しゃぶしゃぶ）

用料（材料）

鍋底（ベースのスープ）

白葱（斜め薄切り）……1/2本
生姜（薄切り）……1～2片
棗（乾物）……2～3個
枸杞（乾物）……10粒くらい

具

好みのものを好きなだけ。野菜や豆腐はひと口大に切る。

羊肉（しゃぶしゃぶ用）、白菜、春菊、椎茸、木耳、春雨、酸菜（白菜の漬物）、豆腐、凍豆腐（木綿豆腐を冷凍する）など

薬味

小葱（小口切り）、香菜（みじん切り）

胡麻だれ（2～3人分）

芝麻醬（練り胡麻）……120g
ぬるま湯……適量
醬油……10ml
米酢……20ml
砂糖……10g
韮菜花醬……40g
腐乳……1～2片
胡麻油……15ml
蝦油……10ml
辣椒油……適量（お好みで）

做法
（手順）

1 胡麻だれを作る

芝麻醤に少しずつぬるま湯を加え、まったりするまで混ぜる。その他の材料を記載順に加え、その都度均一に混ぜる。常に一定方向に混ぜ、ツーとゆっくり垂れる粘度に仕上げる。胡麻だれを各自の碗に取り分け、薬味を入れて、よく混ぜる。

2 鍋底を作る

鍋にたっぷりの湯を沸かし、白葱・生姜・棗・枸杞を入れる。

3 食べる

羊肉を鍋底に入れて火を通し、胡麻だれと薬味をよくからめて、頬張る。序盤はひたすら羊肉だけを食べる（羊肉は色が変わればOK。煮込み過ぎない）。羊肉のダシが出たら、野菜やキノコを入れる。酸菜は、発酵の酸味とコクが加わるので、中盤に味変的に入れる。春雨や凍豆腐は、胡麻だれを吸うので、後半に入れる。

温馨提示
（アドバイス）

鍋底は、要するにただのお湯。だが、このシンプルさこそが、羊肉の旨味と胡麻だれのコクを活かすのだ。

- **胡麻だれは味見しながら作る**——韮菜花醬や腐乳は商品ごとに塩気の強さが異なるので、適宜調整しよう。
- **羊肉、薬味、胡麻だれはたっぷり用意する**——想像以上に箸が進むので、途中でなくならないよう多めにしておきたい。

14 寧波市

浙江省

本章の舞台は、浙江省寧波《ニンポー》市。中国を南北に貫く大運河の南端にあたり、海のシルクロードの東の出発点でもある。その地理的優位性によって、古くから茶・綿花・海産物の集散地として栄えてきた。

日本との関係も古く、唐代の遣唐使船はみなこの港を目指したという。宋代には曹洞宗の開祖・道元が市内南東の天童禅寺で修行しているし、明代に日明貿易の中国側の玄関口となったのも寧波である。

近代になり、上海の台頭によって勢いに陰りが出た時期もあったが、現在は巨大港湾都市として再び大きな発展を遂げており、二〇〇九年以降、寧波舟山港は年間貨物取扱量で世界一の地位を保持し続けている。

市の北部は杭州湾に面し、東部は東シナ海に臨む。その向こうには、大小千三百三十九個の島嶼から成る舟山群島が広がっている。このあたりは黒潮と中国沿岸を南下する寒流がぶつかる潮目であり、それに加えて、杭州湾に注ぐ銭塘江が大量の土砂とともに豊富な栄養を海にもたらす。

となれば、そこは海産資源の宝庫だ。更に、入り組んだ海岸線は港を築くのに適しており、

平坦で砂泥質からなる海底は底引網漁業に向いている。このような好条件が重なった結果、寧波舟山地区は中国最大の漁場となっている。

実のところ、今回、浙江省の省都・杭州を差し置いて寧波を採り上げたのは、僕自身が寧波の海鮮料理の虜になってしまったからである。鮮度は抜群、種類は豊富。他地域ではあまり見かけない食材も多い。まるで水族館かのようにずらりと並ぶ魚介類を前にして、あれこれ悩みながら注文を組み立てていくのは、実に刺激的な体験だった。

最初に白状しておくが、本章も三つの料理にはとても絞り切れなかったので、三つのテーマを軸にお送りすることにした。目くるめく寧波の食をお楽しみください。

◉寧波湯団と寧波年糕（寧波白玉団子ともち料理）――心とろかす白き柔肌

冒頭で海鮮料理への期待を高めておいて恐縮だが、本章最初の一品は寧波湯団《ニンボータントゥアン》にお出まし願うことにした。

ひとことで言うなら、黒胡麻餡の白玉団子である。だが、そう言われて想像する旨さを寧波湯団は軽々と超えてくる。さして甘いものが好きではない僕でも、寧波湯団のことを思い出すと思わず目尻が下がるほど。人の心をとろかす旨さを備えているのだ。

旨さの秘密は、まず、生地にある。日本の白玉団子は白玉粉（もち米を加工した粉）に水を

艶やかな色気を放つ寧波湯団。

合わせてこねていくが、寧波湯団は水に浸したもち米を石臼で挽き（「水磨《シュイモー》」という）、それを布に包んで吊るして水を切ることで生地を作る。これによって、香り高くきめ細かな生地が出来上がるのだという。

もう一つの秘密は、黒胡麻餡の方にある。炒って冷まして擂った黒胡麻と砂糖のほか、豚の脂を加えて餡を作る。ここで加えるのは、ラードではなく、猪板油《ジューバンヨウ》（豚の腹脂）。筋の少ない脂を練り込むことで、餡に脂臭さが出ることなく程よいコクが生まれ、齧ればトロリと流れ出すような仕上がりになるそうだ。

包んだ湯団はたっぷりの湯でじっくり茹でて、茹で汁ごと碗に盛って供するのがお決まりだ。ぷっくりつやつや丸々とした湯団がなんとも食欲をそそる。店によってはキンモクセイがあしらわれることもあり、見た目も香りも華やかになる。

　さあ、いただきます。中の餡の熱さを警戒しながらも、熱々をガブリとかじる。つるりとした舌触り。むちょんとした歯応え。それと共にもち米の香りが鼻を抜ける。そこに、中から溢れ出た黒胡麻餡の甘さとコクがじゅわんと広がり、口の中で生地と混じり合っていく。幸せなひと時だ。そして、ひとつふたつと食べ進む合間に茹で汁をすすると、口の中がさっぱりとして、改めて食欲が高まる。実によくできた組み合わせである。

　寧波湯団は、寧波人のソウルフードでもある。旧暦の大晦日から正月の朝にかけて、寧波人は家中に灯をともし、徹夜して新年の朝を迎えるのが習わしで、その朝、最初に食べるのが湯団なのだそうだ。もっとも、今は街のあちこちに湯団の専門店があって、一年を通して楽しむことができる。

　これと似たもので、もうひとつ寧波名物を紹介しておく。豆沙圓子《ドウシャーユエンズ》。餡なしの白玉団子は圓子《ユエンズ》と呼ばれ、大きさも小指の先ほど。これが小豆を甘く煮てドロンドロンのダプンダプンにとろみをつけた汁の中にゴロゴロ沈んでいる。ムッチリと弾力が強いところが、圓子の魅力。意外にも甘さ控えめで、するりと胃に収まってしまう。

　米つながりで、次は寧波年糕《ニンボーニエンガオ》に話を移そう。こちらは日本の「もち」と似たものだ。但し、もち米ではなくうるち米で作るため、柔らかいが粘りが少ない。寧波では二期作が行われていて、年糕には必ず晩期《ワンチー》（第二期）の米を用いるべしとされている。

製法は、寧波湯団と同じように、米を水に浸して石臼で挽き、布に包んで吊るして水を切る。それを蒸したものを臼と杵で搗き、細長い小判のように成形する。年糕もまた新年に食べるものであり、年越しの時期に一家揃って年糕作りに勤しむ光景は、寧波人なら誰しも持っている心象風景だそうだ。我々日本人としては、親近感が湧いてくる話である。

もっとも、日本と異なる点もたくさんあって、寧波人は一年を通して日常的に年糕を食べる。食べ方はスープに入れたり、煮込んだり、炒めたり。炒める相手は青菜だったり、細切り

誰しもがむしゃぶりつきたくなるきめ細かな白肌。

甘いが甘過ぎず、和菓子にはないコクを備えた黒胡麻餡に悩殺される。

豆沙圓子。すごく下世話な見た目なのに、味は上品。餡なし白玉団子も旨い！

豚肉だったり、多種多様だ。ただ、実のところ、年糕を炒める料理自体は江南地方一帯でよく見られるものでもあるので、ここでは寧波ならではの豪華な一皿を紹介したい。

その名も、白蟹炒年糕《バイシエチャオニエンガオ》。ワタリガニと年糕の炒めものだ。ワタリガニは寧波の名産品で、毎年旬を迎える八月下旬には白蟹節（ワタリガニ祭り）が開催されるほどである。

真っ白な年糕と真っ赤なワタリガニの殻の対比が美しい。別に蟹ともちを一緒に炒めなくてもいいのではと思うかもしれないが、蟹の肉やミソの旨味がもちにからんで、なかなかに美味しい。味付けは塩だけというシンプルさも、分かっているなという感じがする。

更に、面白かったのが海観園炒年糕《ハイグアンユエンチャオニエンガオ》。海観園とは、なんとイソギンチャク。調理前のお姿は立派だが、炒めると一気に縮んで年糕の陰に隠れてしまう。

イソギンチャクともち。想像もしなかった組み合わせだが、現地の人が当然のように食べているものは、たいてい旨い。これもそうで、イソギンチャクのコリコリした独特の食感がもちと良い対比を成していた。また、一緒に炒めてある青菜は春菊で、そのほろ苦さがイソギンチャクの磯の香りを昇華して、縁の下の力持ちになっていた。

ということで、米の話をしているつもりが、このようにいつの間にか海鮮が入り込んでくるのが寧波だ。次項では、もう少し深く寧波の海鮮に迫っていくことにしよう。

白蟹炒年糕。ワタリガニは梭子蟹ともいう。

調理前のイソギンチャク。店員にオススメの調理法を聞いたら、もち炒めを勧められた次第。

海観園炒年糕。イソギンチャクの縮みっぷりには驚いた。

コリコリ。小さくはなったけど、衰えない存在感。

◉酒鬼必点的海鮮下酒菜（酒飲み必食の海鮮酒肴）——試練を残す海鮮保存食

寧波の海が豊かであることは本章の冒頭で述べた。その海の恵みをずらりと紹介するのは次項に譲ることにして、ここでは寧波ならではの海鮮保存食にフォーカスしたい。

漁村の生活とは、黙っていても獲れ過ぎる日もあれば、漁に出たくても出られない日が何日も続く時もある。その問題をどう解決するかという工夫が、新鮮な海鮮の旨さをしのぐほどの酒肴を生んだのである。

初めて食べたとき、「オホッ」と声を上げてしまったのが、寧波蟹糊《ニンボーシエフー》だ。包丁で殻ごと叩き切って潰した蟹を生のまま塩漬けにしたものである。ペースト状（糊）になった蟹の身はねっとりとしていて、なるほど、名は体を表している。

塩気がしっかり効いているが、熟成した蟹の身がとても甘い。殻ごと噛んでチューチューやると、噛めば噛むほど旨味があふれ出してきて、止まらなくなる。寧波人はこれを朝食の飯や粥に合わせると言うが、僕にとっては、どう考えても酒の肴だ。酒飲みならみな万歳する味だと思う。

醉泥螺《ズイニールオ》は、ウスキヌガイという薄い透明の殻がついた小さな貝を、生のまま黄酒《ホアンジウ》（→紹興酒）と塩で漬けたものだ。生の貝を保存食にする以上はとても塩辛くなるが、ちゅるんとした舌触りと仄かな磯の香りが酒を呼ぶ。身をすすり、小さな殻をペッと吐き出す作業を繰り返す合間に黄酒をあおれば、頰が緩むこと請け合いだ。

なお、黄酒の代表選手である紹興酒の産地・紹興は、寧波から車で九十分ほどの距離にある。自然、寧波も黄酒文化圏であり、地場の黄酒を安く楽しめることも寧波旅行の楽しみのひとつである。

次に、僕にとって今なお「試練」を残している酔蚶《ズイハン》をご紹介したい。サルボウガイという赤貝を小ぶりにしたような貝を黄酒と塩で漬けたものなのだが、同じ製法の酔泥螺と比べても、

寧波蟹糊。現地まで飛ばないと、なかなかこういう料理は食べられない。

酔泥螺。ちんまりしたものをすすりながら飲む酒は旨い。

寧波での宴は、黄酒とともに。

磯の香りが凄まじく強い。これまで何度か食べてみたものの、若輩者の僕にとっては、単に鮮度の悪い貝ではないかと思えてしまう香りだったのだが、好きな人にとってはその香りがたまらないのだという。むう……。

僕は大抵なんでも美味しく食べられるのでこういう経験はめったにないけれど、自分の理解が及ばない味に出合うと、逆にテンションは上がる。自分の味覚の幅はまだまだ広がる余地があるのだな、と。今後も見かけるたびに試してみるとしよう。

そして、トリを飾るのが、紅膏熗蟹《ホンガオチャンシエ》。生きたワタリガニを丸ごと濃い塩水に半日ほど漬け、生のままぶつ切りにして食べる豪快な一品だ。最初に挙げた寧波蟹糊の上位互換ともいえる存在である。

蟹ミソの鮮やかなオレンジ色が、凄まじく食欲をそそる。こりゃ間違いないだろという確信と共に、塊を口に運ぶ。……結果、テーレッテレー！　塩で締まった身のねっちょりとした甘さだけでも思わず目を細めて遠くを見てしまう旨さだが、ミソや内子のとろけるような旨味と言ったらもう。

方向性としては韓国のカンジャンケジャンと似ているが、熟成したワタリガニの旨味がよりストレートに味わえるという点で、僕は断然こちらに軍配を上げる。はるか昔にこの料理の存在を知って以来、一度は食べてみたいと思っていたのだが、期待通り、黄酒がぐんぐん進む素晴らしい美味だった。

酔蚶。いつか嬉々として食べられるようになるだろうか。

紅膏熗蟹。鮮烈なビジュアル。

このように火が通っていない海鮮料理を紹介すると、中国でそんなものを食べて大丈夫なのか、と思う向きもあるかもしれない。不安に思うのであれば、無理をする必要はない。何を喰ったって当たるときは当たるし、僕が安全性を保証できるわけでもない。ただ、僕は無傷で大変美味しい思いをしたので、食べたい人だけ食べてみてください。

とは言うものの、それではあまりに意地悪なので、次項では心理的ハードルを下げても楽しめる寧波の海鮮料理を紹介しよう。ただ、食材も調理法も極めて多彩なので、今度は胃袋の容量を心配する事態になるであろうことを予告しておく。

●眼花繚乱的寧波海鮮（目くるめく寧波の海鮮）――生け簀はまるで水族館

さあ、冒頭から散々引っ張った寧波の海鮮料理の魅力を、本項ではとくとご覧いただこう。ずらりと水槽（生け簀）が並んだ海鮮レストランは、中国の海沿いの街ならばどこでもお馴染みのものだ。ただ、中国各地で海鮮を食べ歩いてきた僕の目から見ても、寧波の海鮮レストランの品揃えは、珍しさに満ちていたように思う。

トップバッターは、寧波名物・葱油海瓜子《ツォンヨウハイグアズ》。カボチャの種に似ていることから海瓜子（海の種）と呼ばれる小さな二枚貝を、青葱の香りを移したやや甘めの醤油味で炒める。小指の先ほどの大きさの貝は、一見食べるところなどないように見えて意外にしっかりした旨味があり、

様々な海鮮が並ぶ、魅惑の海鮮レストラン。

甘辛い味付けがよく合う。食べるのが面倒くさい料理ほど、酒のつまみにはちょうどよく、箸の動きが止まらなくなった。

因みに、台湾でよく食べられている海瓜子は、ヒメアサリ（Ruditapes variegata）。こちらはテリザクラ（Moerella iridescens）で、全くの別種なのでご注意あれ。

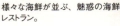

お次は、寧波に来ると毎回食べている跳魚《ティアオユィ》（ムツゴロウ）。あっさり醤油味に程よく酢の酸味を効かせた醋焼跳魚《ツウーシャオティアオユィ》が定番だ。冴えない見た目と異なり、身離れがよくて柔らかく、上品な味わいの白身はとても美味しい。頭の骨は硬いが、その周りの身が旨いので、頭ごと口に放り込んでしゃぶるといい。

ムツゴロウは、豆腐と共にスープに仕立てる跳魚豆腐湯《ティアオユィドウフタン》もお勧めだ。ホロホロした淡白な白身と豆腐を組み合わせるスープは中国では定番で、魚のダシを吸った豆腐がまた旨いのだ。身体が芯から温まる。

豆腐スープと言えば、蝦潺《シアチャン》（テナガミズテング）も忘れてはいけない。海底の砂地に棲み、鱗がほとんどなく、ヌルヌルした魚だ。加熱しても身が硬くならず、豆腐並みに柔らかいことから、豆腐魚《ドウフユィ》とも呼ばれる。しかも、豆腐と一緒にスープにするのが定番だと言うのだから面白い。

スープにはダシがしっかり出ていて、あっさりながらも満ち足りた味だ。それを吸った豆腐も旨いが、やはり主役はテナガミズテング。歯茎だけでも食べられそうな柔らかさは豆腐以上で、それでいて白身魚の旨味もしっかりある。旨いもんだなあ。

野生江白蝦《イエシェンジャンバイシア》は、店のおばちゃんに「今、港から届いたばかりよ！　調理法は『塩水《イエンシュイ》（茹でるだけ）』にして、素材の味を楽しむのがお勧めね」と言われて試したもの。確かに旨い！　半透明の小さな川海老なのに、身に張りがあって甘いのだ。卵を抱いているやつもたくさんいて、そのはかない甘味がまたなんとも。

蟹漿《シエジャン》という料理も面白かった。前項でも登場した寧波名物の白蟹《バイシエ》（梭子蟹《スオズシエ》：ワタリガニ）を殻ごと小さく叩き切り、ジャッと炒めてとろみをつけてある。葱や生姜の風味を効かせたあっさり味で、蟹本来の旨味を存分に味わえる。食べ方は殻ごと口に放り込んで、ガシガシペッ。手を使わずに済むのでガンガン食べられるのがいい（笑）。

とろみ繋がりで、魚羹《ユイゲン》もご紹介しておこう。直訳すれば、「魚のとろみスープ」。僕が食べ

葱油海瓜子。寧波に行ったら一度は食べたい定番中の定番だ。

醋焼跳魚。酢の酸味が効いた醤油味が特徴的。

跳魚豆腐湯。ムツゴロウが丸ごと何匹も入っている。

蝦潺豆腐湯。魚も豆腐も白い。

調理前の蝦潺（テナガミズテング）。ぬるぬる。

たものは、骨ごと一口大に刻んだ白身魚とじゃが芋、玉葱、杭椒（辛味の少ない唐辛子）を炒め煮にしてとろみをつけてあった。プリッとした白身魚に野菜の甘味がからみ、優しくクセになる旨さだ。

　岩場に住む小魚の料理にも、あなどれない美味があった。雪汁小梅魚《シュエジーシャオメイユィ》は、カンダリというニべの仲間を雪菜《シュエツァイ》（高菜漬けに似た青菜の漬物）の漬け汁と共に蒸すという、江南の漁師町らしい一皿だ。ふわふわと柔らかく、クセのない白身の味わいに驚かされた。地味だけど、こういうその土地ならではの海鮮料理を食べると嬉しくなる。

　アカシタビラメの醤油煮込み・醤汁玉禿魚《ジャンジーユィトゥユィ》も素晴らしかったなあ。葱と生姜を効かせた醤油味は、日本の煮付けよりも更にあっさり味で、柔らかく甘い白身を見事に引き立てていた。気前良くデカいやつを頼んで大正解。旨いものがたっぷりあるというのは、幸せなことだ。

　いよいよ大トリ。本章の最後は、紅焼娃娃魚《ホンシャオワーワーユィ》に〆てもらおう。なんとサンショウウオの醤油煮込みだ。別に寧波ならではの名産というわけではないのだが、こんなのがレストランの水槽にいたら、頼んでみたくなるのが人情である。

「時間をかけて煮込まないと味が染みないから、辛抱強く待ってくれよ」と店のお兄さんに言われたとおり、料理が出てくるまで三十〜四十分かかったが、待った価値は十分にあった。茶色い見た目から想像したよりあっさりした醤油味が程よく染み込み、絶妙の仕上がりだ。なるほど、確かにこの皮やゼラチン質には味が染み込みにくそうだ。

野生江白蝦。殻ごとガシガシ食べる。

蟹漿。ほどよいとろみが、ワタリガニの旨さを逃さない。

魚羹。思わずひとりでこの量を平らげてしまった。

雪汁小梅魚。

醤汁玉禿魚。これだけ品のいい味付けは初めてかも。寧波の塩梅、大好き。

どーん。
サンショウウオのお出まし。

紅焼娃娃魚（サンショウウオの醤油煮込み）。生前をほうふつとさせる盛り付けが素敵（笑）。

両生類だけにカエルに似た味だが、カエルほど活動的ではないからか、柔らかな食感が特徴。皮やゼラチン質もブルンとして美味だ。「旨い！　この上品な旨さならかつて乱獲されたのも納得だ」などと言いながら、手足も、頭も、小さな目ん玉まで、全てペロリと頂いた。

というわけで、怒濤の勢いでお送りした寧波の海鮮。しかし、これでも無数の選択肢を誇る寧波の海鮮料理のごく一部を紹介したに過ぎない。他に一体どんな料理があるのか。それは、是非とも寧波まで飛んで、皆さんの目で確かめて欲しい。

column 8

白酒が広げてくれた世界

日本では、「中華料理に合わせる酒と言えば、紹興酒」というイメージがあるが、これは誤解である。実際のところ、中国で紹興酒を日常的に飲むのは上海の周辺地域（産地の浙江省を含む）くらいで、大半の地域では飲む習慣がなく、料理酒として使われることがある程度だ。

では、中国人は中華料理にどんな酒を合わせるのか。それは白酒《バイジウ》である。高粱、とうもろこし、じゃが芋、さつま芋などの穀物を原料とした、無色透明の蒸留酒だ。紙幅の都合で簡単に説明すると、蒸して曲《チュイ》（麹）をつけた原料を発酵窖と呼ばれる穴の中に埋め、土中で発酵を進める固体発酵法が最大の特徴で、それによって生まれる濃密な香りに魅力がある。アルコール度数五十度を超えるものが多いが、水や氷で薄めたりはせず、ストレートで飲むのが一般的だ。

中国での宴会では、かなりの頻度でこの白酒が登場する。各自に乾杯用の小さなグラスが配られ、ホスト側は何かと口実を探してゲスト側に乾杯を勧める。乾杯をした後は互いに杯の底を見せて、飲み干したことを示す。自分一人で酒をすするのは失礼で、飲むときは必ず誰かを誘う。献杯を受けたら、その相手に返杯をするのが礼儀である……ということを繰り返すので、宴会が続く限り、乾杯をし続けることになる（笑）。

中国出張や駐在を経験した日本人の中で、白酒を敬遠する人が多いのは、この宴会が原因だ。五十度以上の蒸留酒をストレートで飲み干し続けるのは、相当な酒好きでも大変なこと。ましてや、クセの強い酒である。宴会の翌朝、胃袋の底から上がってくる白酒の残り香にもう一度ノックアウトされた人も多いことだろう。

僕も当然、こういう宴会の洗礼を受けてきた。最初の鮮烈な経験は、二十代前半の中国出張だ。その出張は一週間ほどかけて山東省の沿海部を視察するというもので、行く先々で国営企業との会食が設定されていた。それはつまり、昼も夜も乾杯合戦が続くことを意味する。出張者の大半にとっては、地獄の一週間だ。先方の人数は、常にこちらの三倍以上。それがこぞって乾杯を迫ってくるのだから、勝てる戦《いくさ》ではない。数日目から移動のマイクロバスの中には白酒の香りが充満し、休憩で止まる度に誰かがトイレへ駆け込むという惨状であった。

でも、この出張が僕には楽しかった。毎食、山東省が誇る海鮮料理や小麦粉料理（水餃子や麺）の旨さにワクワクした。もちろん、自分の酒量の限界を思い知らされた夜もあるが、必ず誰かを誘って乾杯し続ける白酒文化を面白いと思った。過酷ではあるが、言葉が通じない者同士でもすぐに打ち解け合える効果があったのだ。

その後、駐在生活で中国各地を飛び回るようになると、出張の度に顧客との乾杯合戦が付いていきた。ただ献杯を受けているだけでは営業にならないので、中国人の同僚に祝酒辞《ジュージウツー》（乾杯や献杯の決まり文句）を教えてもらい、毎回前のめりの姿勢で合戦へ臨んだ。

面白かったのは、相手側の布陣である。当然のことながら、中国人だって必ずしも酒豪ばかりではない。その対策として、ボスの代わりに献杯を受けるためだけのボディーガード社員が登場することがあるのだ。彼らは名刺も持たずにやってきて、皆の会話に参加もせずに食事を貪り、いざ僕がボスへ献杯しようとすると、その前に立ちふさがる。こうなると、彼らと最低一杯ずつは乾杯を済ませないと、ボスへの献杯を許されない。そんな時、僕の頭の中にはいつも、キングスライムとその周りを取り巻くスライム集団が浮かんできた。そして、スライムたちを蹴散らした後、キングスライムに献杯の呪文を放つことを宴会前半の目標としていたのだった。

そんな経験を重ねていく中で、僕は過酷な宴会を生き延びる術を学んでいった。空腹だと酔いが進むので宴会の序盤で目の前の料理を腹に詰め込んでおくとか、一度乾杯をしたら必ず同量以上の茶や酸奶《スアンナイ》（ヨーグルト）を飲む……といった単純な対処法から始まって、酒量が少なそうな相手を狙って献杯したり、自分から色々な話題を出したりして乾杯と乾杯の間を長くする……といった少々ひねくれた戦術も身に付けた。

　体力的にはしんどい日々だったが、飲んでいるだけで顧客との距離は勝手に縮まったので、悪いものではなかった。それだけでなく、乾杯合戦には大きな余禄があった。どこかでも書いたが、中国人は郷土愛が強い。基本的には自分の地元の料理こそが世界一だと思っている。そこに、よく飲みよく食べ、地元の料理にひと際強い興味を示す外国人の若者がやってきたらどうなるか。

　ご想像の通り、どの土地でも宴会は盛り上がり、乾杯の嵐が生まれた。そして、各人が地元の料理について熱弁をふるって教えてくれた。更には、「あれも食べないと！」とその場で追加注文をしてくれた人もいたし、「次回は僕がいつも使う店へ行こう！」と接待向けではないローカル店へ誘ってくれた人もいた。そう、乾杯合戦が僕の中華料理の世界を大きく広げてくれたのである。

　さて、ここまでは宴会ツールとしての白酒にクローズアップしてきたが、食中酒としての白酒の魅力にも触れたい……と言うと、「乾杯合戦の中で白酒の味を楽しむ余裕なんてあるのか？」と思う人もいるかもしれない。それはその通りで、正直あまりなかった。

　僕が白酒そのものの魅力にハマり込んだのは、家族や友人との食事で白酒を飲むようになってからだ。白酒特有の濃厚な香りと味わいは、乾杯合戦のような飲み方では良い印象を受けにくいが、食事の合間にちびちびと舐めれば、驚くほど中華料理に合う。濃厚な香りと味わいがしっかりした味付けの料理も難なく受け止め、高いアルコール度数が料理の油分を鮮やかに切ってくれるのだ。

　そうは言ってもどうやって白酒を選んだらいいのか分からないという人は、ラベルの分類を見てみよう。白酒の分類はとてもユニークで、他の酒のように原料や製法ではなく、完成した酒の香りと味を基準に設定された「香型《シャンシン》」というカテゴリで分類を行う。よく見かける香型は、濃香型《ノンシャンシン》、醤香型《ジャンシャンシン》、清香型《チンシャンシン》、米香型《ミーシャンシン》、兼香型《ジエンシャンシン》あたりだろうか。それぞれ分かりやすい特徴があるので、もしひとつ気に入った白酒を見つけたら、同じ香型の白酒を試していくと、好みのものに出合いやすいだろう。

また、日本酒やワインの世界でよく言われる「その土地の料理にはその土地の酒が一番」という考え方は、白酒選びにおいても有効だ。北京料理なら二鍋頭《アルグオトウ》、山西料理なら汾酒《フェンジウ》、貴州料理なら茅台酒《マオタイジウ》、四川料理なら五糧液《ウーリヤンイエ》や剣南春《ジエンナンチュン》や瀘州老窖《ルージョウラオジャオ》といった具合に、料理の地域に合わせて白酒を選べば、大抵は間違いがない。

因みに、このような大手メーカーの白酒ではなく、中国各地の村々で蒸留されているローカル白酒の中にも、素晴らしい美酒がある。一例を挙げると、僕は雲南の農村で出合った自家製の玉米酒《ユィミージウ》（とうもろこしの白酒）に惚れ込み、中国在住時は定期的にその農村から取り寄せをしていたほどだ。とうもろこしの香りと甘味を凝縮させたかのような濃密な味わいは、今思い出しても涎が出る。

最後に、時代の変遷にも触れよう。二〇一二年に習近平政権が発した倹約令によって接待の簡素化が叫ばれて以来、中国の宴会文化は大幅な縮小を迫られた。二〇一五年に二度目の中国生活を始めた際、かつての顧客を訪ねたところ、以前は昼食時にも高級白酒をあおっていた酒豪の中国人ボスが茶を勧めてきたのを見て、僕は時代が変わったことを悟った。

更に、中国の現代化によって、中国人の食の嗜好や健康意識も変わった。かつて白酒といえばアルコール度数五十度以上が当たり前だったが、今は度数を三十八度に抑えた低度酒《ディードゥージウ》の方が人気らしい。（僕を含む）昔ながらの酒飲みは「低度酒なんて白酒じゃない」と揶揄するのだが、今や若年層では白酒を飲まない方が主流派になったそうだから、そんな揶揄は老害のたわ言と受け止められてしまうことだろう。

白酒文化によって多くの縁を結び、中国料理の理解を深めるきっかけを得てきた僕としては、最近の流れには若干の寂しさを覚えるが、せめて自分が宴会文化華やかなりし頃に中国生活を送れた幸運を喜ぶことにしたい。それに、白酒文化の中でも、相手の限界を無視して乾杯を強要するような習慣は早々に滅びた方が良いと思っている。その代わりに、自分のペースで嗜む白酒の美味しさがもっと広がればいいなと願って、帰国した今も時たま友人を誘っては、白酒と中華料理のマリアージュを楽しむ宴会を開催している。

15 貴陽市

貴州省

中国各地の美味を巡ってきた本書も、いよいよ最終章となった。最後に満を持して採り上げるのは、貴州省貴陽《グイヤン》市。我が愛しの貴州料理がテーマだ。しかし、貴州料理と聞いて、料理のイメージが湧く人は恐らくわずかだろう。それは中国本土でも同様で、中国人ですら貴州料理を食べたことがある人は少ないと思う。こうした知名度の低さは、この土地の風土と歴史に由来している。

貴州は、俗に「天に三日の晴れなし、地に三里の平地なし」と言われる。雨が多い気候と山がちな地形を言い表したもので、省都の貴陽の名は滅多に太陽が見えないところから名付けられている。省内人口の四割を少数民族が占めているのも大きな特徴で、苗《ミャオ》族や侗《トン》族を筆頭として四十九もの少数民族が暮らしているという。

それは、中国の長い歴史の中で、少数民族が住みにくい土地へと追いやられていった結果でもある。新中国成立後も貴州省の経済発展は遅々として進まず、長らく貧しい省の代名詞のように扱われてきた。失礼極まりない表現だと思うが、先の俗語に続けて「人に三分の金なし」という言い方もあるほどだ。

では、そのような土地の料理をなぜ「満を持して」採り上げるのか。それは貴州料理が僕の

人生を変えたと言っても過言ではない存在だからだ。

二十代の頃に初めて貴州料理を食べた僕は、雷に打たれたかのような衝撃を受けた。頭の中にあった「中華料理」の概念とは、何から何まで違う味。日本ではもちろん、中国の他都市でも全く触れたことのなかった味に接して、「これも中華料理なのか！　自分の味覚が広がっていくのを感じるぞ！」と興奮したことを今も覚えている。

大都会の高級料理にではなく、地方の郷土料理にこそ自分が求める感動があるのではないか。そう感じて、以前にも増して中国の地方で食べ歩くようになったのだから、誇張ではなく、僕の人生に大きな影響を与えたのである。

しかし、地理的にも経済的にも貧しい土地に、そんなに旨いものがあるのか？　そう思う方も多かろう。だが、時として制約は工夫を生み、他所にはない花を咲かせることがある。貴州の場合、食材の量にも種類にも限りがあり、貴重な食材を長く保存しておかねばならなかった環境が、独自の発酵食文化をはぐくむことになった。

貴州の苗族には、「三日も酸っぱいものを食べないと、足取りがおぼつかなくなる」という言葉がある。ここでいう酸っぱいものとは、発酵食品のことである。また、侗族も「酸っぱいものなしでは生きられない」と言われ、三酸《サンスアン》という名物料理がある。これは魚と豚肉とアヒル肉の三種の漬物の総称で、甕の中で何十年も寝かせた熟成ものまである。「発酵の酸味」は、貴州料理を理解する上での最重要キーワードだ。

痩せた土地でも育つ唐辛子を多用する点も貴州料理の特徴で、用途に合わせて辛さや香りが異なる唐辛子を使い分ける。調理法も様々で、生のままでも使うし、熟成発酵させたり干して炙ったりしたものを調味料にすることもある。その辛さへのこだわりについては、「四川人は辛さを恐れない、貴州人は辛くないことを恐れる」などという俗語があるほどだ。

しかし、決して辛さ一辺倒の料理ではない。四川料理の魅力が辛さと痺れの融合だとするなら、貴州料理の魅力は辛さと発酵の酸味の融合と言えるだろう。その複雑で奥深い味わいは、中国広しといえど唯一無二だと思っている。

本書を通して貴州料理に興味を持ってくれる人がひとりでも増えればいいなと思って、最終章の舞台に選んだ次第だ。その魅力、とくとご覧あれ。

◉腸旺麺と花渓牛肉粉（豚モツラーメンと牛肉ライスヌードル）――豚と牛の紅白対決

まずは、貴陽を代表する麺料理を二つご紹介しよう。いずれも「貴陽でその麺を食べなければ貴陽に行ったことにならない」と言われるほどの知名度を誇り、美味しさの点でも甲乙つけがたい実力派だ。

紅組代表は、腸旺麺《チャンワンミエン》。豚骨や鶏ガラをベースにした真っ赤なスープの中に、日本のラーメンによく似たちぢれた卵麺が沈んでいる。青々とした葱が赤いスープに映えて、とても美しい。

メインの具は脆哨《ツイシャオ》、猪大腸《ジューダーチャン》、猪血旺《ジューシュエワン》という三種の神器で、その中の猪大「腸」と猪血「旺」が名前の由来になっている。腸旺は「常旺《チャンワン》（常に盛ん）」と同音であり、縁起の良い名前でもある。

三種の神器の正体は、全て豚由来の食材だ。脆哨はカリカリに揚げたサイコロ状の豚肉で、猪大腸は茹でた豚のダイチョウ、猪血旺は豚の血プリン（豚の血を固めて蒸したもの）。なかなかパンチの効いた面子と言えよう。

早速、いただきます。まずは箸で麺を持ち上げて、フーフー冷ます。これが重要。スープの表面を覆う真っ赤な油が保温の役目を果たし、麺もスープも熱々なのだ。頃合いを見て、ガバリと頬張る。てらてらと艶めかしく光るちぢれ麺にはスープがよくからむ。スープは意外にも穏やかな辛さで、コクが豊か。深みのある唐辛子の香りが鼻に抜けて、思わず陶然となる。

真っ赤な油は紅油《ホンヨウ》といって、唐辛子の辛味・色味・香りを油に移したものだ。四川など他地域でも見かけるが、貴州の場合、水で戻した干し唐辛子と大蒜・生姜を臼と杵で搗いてペースト状にしたものをたっぷりの油で炒めて、紅油を作る。

因みに、このペースト状の唐辛子は糍粑辣椒《ツーパーラージャオ》と呼ばれ、辛味調味料として様々な貴州料理に用いられる。程よい辛さと豊かなコクは、貴州特産の唐辛子を使ってこそ得られるのだそうだ。

麺とスープを楽しんだら、三種の神器の出番だ。猪血旺はプリンとした舌触りが魅力。カリカリの脆哨はスープのコクを深める役割も果たしている。僕が一番好きなのは、猪大腸だ。花椒・八角・山奈（バンウコン）など様々な香辛料で煮込まれたダイチョウは、むっちょりとし

貴陽ヌードル界の双璧のひとつ、腸旺麺（チャンワンミエン）。真っ赤なビジュアルが印象的だ。

スープがよくからむちぢれた卵麺。実はアヒルの卵を使う。

真っ白なダイチョウは、一番のご馳走！　見るからにぷりぷりとして旨そう。

仕込みの風景。茹でたダイチョウを巨大なざるにガバアッとあげる。

陰の主役、豆もやし。辛いスープと素晴らしく合う。

た旨味のカタマリだ。一口かじるごとに満足感が高まっていく。

見逃せないご馳走は、スープの中にひそんだ豆もやしである。程良く辛さを身にまとった豆もやしはシャキッと爽やかで、重量感のある面子が多い中で、全体のバランスを上手く整えてくれる。

多彩な具を順繰りに口に放り込み、その合間に麺とスープをすする。じんわりと辛さが効いてきて額に汗が浮かんでくるが、毎度それをぬぐう間も惜しくて、最後まで一気に食べ終えてしまう。

一方、腸旺麺の向こうを張るのは、白組代表の花渓牛肉粉《ホアシーニウロウフェン》。貴陽市郊外の花渓《ホアシー》が発祥の地で、牛肉粉とは牛肉がのった米粉《ミーフェン》（ライスヌードル）という意味である。

腸旺麺と比べると、一見、地味極まりない。牛骨ベースのスープは口当たりが優しく、辛味や酸味がはっきりした料理が多い貴州においては、意外とも言えるほどのあっさり味だ。

米粉は、中太の生。プリプリとして美味しいが、取り立てて特徴があるわけではない。だが、食べ進むにつれて、地味な見た目の裏に隠れた旨さが明らかになってくるのだ。

まず、具の牛バラ肉がいい。砂仁、草果、山奈、茴香（ウイキョウ）、香葉（月桂樹の葉）、陳皮、干し唐辛子など多種多様な香辛料で煮込まれた牛バラ肉は、柔らかくて噛むほどに味が出る。

さりげなく入ったキャベツの漬物も、素晴らしい働きをする。それ単体でも爽やかな箸休め

花渓牛肉粉。米粉はスタンダードな中太。主張控えめな優等生タイプ。手前がキャベツの漬物。右奥が牛バラ肉。いずれも手練れだ。

煳辣椒面。覗き込むだけでいい香り。

煳辣椒面を散らすと、
味が一変する！

として活躍しつつ、その酸味と旨味が徐々にスープに溶け込み、全体の味わいに変化と深みを与えてくれるのだ。そういう土台の上で、たっぷりの香菜が旨い。あの独特の香りが実に良いアクセントになる。

ひと通り味見を済ませたら、トッピングを試そう。専門店の卓上には花椒、醤油、黒酢などが置いてあって、自由に足せるようになっている。絶対に入れるべきなのが、貴州特有の煳辣椒面《フーラージャオミエン》。干した赤唐辛子を焦げる寸前まで炙ってから擂ったもので、辛さはさほどでもないが、カツオ節にも似た独特の香りと旨味がある。貴州では一般的な調味料で、僕は煳辣椒面の香りをかぐと貴州を思い出す。

香りに誘われて、改めてスープをすすり、米粉をほおばる。最初は地味に思えた目の前の碗が、どんどん複雑味を帯びてくる。見た目からは想像できなかった味わいが次々に現れ、無我夢中になる。なんだこれ、妙に旨い……いや、むちゃむちゃ旨いじゃないか……！　そうやって、初見では見抜けなかった花渓牛肉粉の魅力に気付いたときには、この麺の虜になっているはずだ。

さあ、どうだろう。腸旺麺と花渓牛肉粉、貴陽へ行ったらどちらの麺を食べるか、心は決まっただろうか。賢明な読者諸氏は、もちろん正解が分かっていることと思う。そう、正解は「選べないので、どちらも食べる」である。

◉酸湯魚（川魚の発酵トマトスープ煮）

――貴州発酵食文化の精髄

酸湯魚《スアンタンユィ》は、恐らく中国全土で最も知名度の高い貴州料理だ。実を言うと、貴陽市のお隣の凱里市の名物料理とされることが多いのだが、貴州省東南部一帯で食べられているのは確かだし、貴州の発酵食文化を伝えるのにぴったりの料理だし、なんと言っても旨過ぎるので、ここに登場してもらうことにした。

洗面器のように巨大な鍋に満ちた、地獄の血の池のように真っ赤な色をしたスープ。一体どれだけ辛いのかとおののく人もいそうだが、実はこれ、見た目ほどには辛くない。この赤色は唐辛子だけではなくトマトにも由来しているからだ。

しかし、ただのトマト煮込みとは訳が違

う。スープのベースとなるのは、紅酸湯《ホンスアンタン》。主原料となる毛辣角《マオラージャオ》という貴州特産の酸味の強いミニトマトを、生姜・大蒜・唐辛子・もち米粉・塩・白酒などと共に密封した甕の中で熟成発酵させる。夏場なら半月もすると、酸味と旨味と辛味を兼ね備えたスーパー調味料ができあがるというわけだ。

「酸湯」は貴州料理の根幹を成すものの一つで、紅酸湯のほかにも白酸湯《バイスアンタン》（米酸湯《ミースアンタン》）、紅油酸湯《ホンヨウスアンタン》、辣醤酸湯《ラージャンスアンタン》、蝦酸湯《シアスアンタン》、臭酸湯《チョウスアンタン》など様々な種類があり、様々な料理の基礎になる。それぞれの製法や使用法は複雑で、全容を説明するには紙幅も僕の知識も足りない。いつかスラスラ説明できるようになるくらい長く貴州に滞在してみたいと思っているが、この願いは叶うだろうか。

さて、真っ赤なスープの中には、巨大な魚が原子力潜水艦のように身をひそめている。草魚《ツァオユィ》・桂魚《グイユィ》・鱸魚《ルーユィ》・江団《ジャントゥアン》といった川魚を丸ごと用いるのが常だが、その中でも僕のお勧めは江団（ナマズの一種）だ。見た目は不細工だが、そのぷるぷるした肉質と上品な味わいは極めて美味。とりわけ、この料理のように複雑な味わいのスープの中で活きるのだ。

いただきます！　まずは真っ赤なスープをすするとしよう。うわあ、これは旨いぞ。酸味と辛味の絶妙なバランス。そこに発酵トマトと魚の旨味が掛け合わさって、太く重層的な味わいになっている。タイのトムヤムクンのような味を想像する人もいるかもしれないが、あの酸味は柑橘のしぼり汁が由来なので、全く別物だ。穏やかな酸味とその奥に広がる豊かなコクは、熟成発酵ならではの産物である。

　ベースのスープを味わったら、蘸水《ジャンシュイ》の出番だ。蘸水とはつけだれのことで、貴州料理では様々な料理に蘸水が添えられる。面白いことに、料理が変われば蘸水の調合も変わるので、どれだけのバリエーションがあるのか想像もつかない。蘸水の多彩さも、貴州料理の大きな特色のひとつだ。

　酸湯魚の蘸水でよく使われる材料は、煳辣椒面（前述の焦がし粉唐辛子）、胡椒、花椒、胡

貴州料理といえば、真っ先に名が挙がる酸湯魚。見た目からは推し量れない味なのだ。

これが江団。テンションが上がる大きさ！

鍋を火にかけると、豊かな酸味と旨味を想像させる唯一無二の香りが立ち昇る。

麻油、木姜子《ムージャンズ》（後述）、青葱、香菜、大蒜、揚げ大豆、腐乳、魚醒草《ユィシンツァオ》（ドクダミ）の地下茎あたり。これらが入った小皿に鍋のスープを少しだけ注ぎ、よく溶いてつけだれにする。

ここで特筆しておきたいのが、木姜子だ。山蒼子《さんそうし》というクスノキ科の木の実で、レモングラスのようなオレンジピールのような、爽やかな柑橘系の香りが持ち味。西洋ではアロマオイルの原料にするそうだが、貴州や雲南では香辛料として使われている。酸湯魚ではスープにも蘸水にも入っていて、清涼感を演出してくれている。これまた香りをかぐと貴州を思い出す香辛料だ。

さあ、試してみよう。蘸水に魚の切り身をどっぷりと浸して頬張れば、思わず言葉を失う。スープだけでも十分不思議な味わいなのに、そこに蘸水に入った様々な食材が混じり合うのだから、その香りと味の複雑さは推して知るべし。混乱した頭の中にやがて浮かんでくるのは「旨い……！」のひと言だ。最初に食べたときには、旨いと同時に、「世の中には想像もつかない美味があるのだなあ」という感動が胸一杯に広がったことを覚えている。

こういう押しの強い味わいには、川魚のつるりとした身質が抜群に合う。日本にいると巨大な川魚を食べる機会はあまりないけれど、この旨さに触れたら、「海の魚ばかりが魚じゃないぞ、魚だって適材適所なんだぞ」と大声で周りの人に宣伝したくなると思う。

そして、酸湯魚の具は魚ばかりではない。大抵はあらかじめ豆もやしや酸菜《スアンツァイ》（青菜の漬物）がスープの中で煮込まれているし、それとは別の具を注文することもできる。とある店で供さ

配菜セット。この料理だけで一食を終えても何の問題もないくらい、色々食べられる。

これが蘸水。魔法のつけだれだ。店ごとに調合は異なるが、大抵どこも旨い（笑）。

青菜をバサッ。煮えばなも旨いし、よく煮込んでも旨い。

煮詰まってきてからが本番。豆腐や酸菜がご馳走に化ける！

れたのは、季節の青菜、蓮根、湯葉、苕粉《ジャオフェン》（さつまいもでん粉の春雨）。ま、スープもつけだれも旨いのだから、何を入れたって旨くなる理屈だ。

食べれば食べるほどスープの味わいが深まっていき、箸が止まらなくなる。スープの塩気自体は控えめで、蘸水で味を補うスタイルだからこそ、量が多くても最後まで飽きずに食べられるのだろう。毎回ひたすらに食べ続け、ふくらんだ腹で下を向くのもつらい状態で店を後にすることになるが、心に残るのは常に「本望」の二文字だ。

貴州を代表する名物料理とされるのも納得の、個性的かつ圧倒的な美味である。ぜひともご賞味あれ！

◉花江狗肉鍋（薬膳犬肉鍋）——ひとつの料理は、ひとつの文化

本章のラストにして、本書のフィナーレを飾るのは、花江狗肉鍋《ホアジャンゴウロウグオ》。貴州名物の犬肉鍋である。本場の中華料理に強い興味を持っているに違いない本書の読者諸氏ならば、ここでドン引きしたり激昂したりする人はいないと信じての選択である。

別に最後だからとヤケクソになったわけではない。この鍋が飛び切り美味しくて、僕自身が貴陽に行くたびに食べていたからこそ選んだのだ。細かいことを言えば、この料理も貴陽市のお隣の安順市関嶺県花江鎮の名物なのだが、そこは目をつむって欲しい。

中国各地で犬肉鍋を食べた経験から言うと、貴州の犬肉鍋は「中国で最も繊細で最も上品な犬肉料理」だ。犬肉未経験の方がその魅力を知るには、うってつけの料理だと思う。

何故そう思うかと言えば、他のどの地域の犬肉料理よりも、犬肉本来の味を楽しめるからだ。とある犬肉鍋専門店の口上を借りると、「犬肉は別名『香肉《シャンロウ》』とも呼ばれ、生来持って生まれた素晴らしい香りがございます。この香りを味わうのに最も適した食べ方は、『涮《シュアン》』であります」ということになる。

涮とは、しゃぶしゃぶのこと。但し、犬肉鍋の場合、生肉を直接しゃぶしゃぶするのではない。事前に様々な香辛料とともに下茹でし、冷まして薄切りにした三枚肉を、スープで軽く煮て食べるのである。

そのスープは、犬肉を下茹でした湯をベースとしたシンプルなものだが、息を吸うとくらくらするほどの馥郁たる香りを放っている。それもそのはず、中に入っているのは、砂仁（シュクシャ）、草果（カルダモン）、山奈（バンウコン）、茴香（ウイキョウ）、香葉（月桂樹の葉）、陳皮（蜜柑の皮）、肉蔻（ナツメグ）など。香辛料というよりは、漢方薬として名前を聞くものがたくさん使われている。そう、貴州の犬肉鍋は、言わば薬膳鍋なのだ。

香り高く、爽やかで、それでいてコクがある。そんな滋味深いスープの中にあっても、犬肉の存在感は圧倒的だ。皮・脂・肉の三層に綺麗に分かれた犬の三枚肉は極めて柔らかく、香辛料の香りを程よく吸い込んでいる。羊肉にも似た力強い旨味がある（犬肉を「地羊《ディーヤン》」と呼ぶ地域もある）が、下茹ですることで余計な脂が落ちているので、いくら食べても後味は軽やかだ。

その旨さは、まるで高貴（香気）な妃たちにかしずかれ、輝きを増す玉座の王のよう。多種多様な香辛料は、犬肉の香りを消すためではなく、旨味を引き立てるためのものだったのだ。しかしまあ、なんでこんなに旨い肉を食べもせずに毛嫌いする人が多いのだろう。自分は人生の早い段階で偏見から脱してこの美味を知ることができて良かったと心から思う。

さて、鍋が旨ければそこにどんな野菜を放り込んでもご馳走に化けるのは、酸湯魚と同じ理屈だ。だが、花江狗肉鍋の場合、何があっても選ぶべきは薄荷《ボーハ》（ミント）である。なんとミントは貴州省で「狗肉香《ゴウロウシャン》」とも呼ばれ、犬肉鍋には欠かせぬものとされているのだ。

これまでの一生で食べた量を上回るくらい大量のミントをどさっと鍋に放り入れ、さっと煮て食べる。これがもう激旨！　爽やかな香りがスープの香りとともに鼻を抜け、その爽快感で更に箸が進む。ミントと犬肉の相性がいいなんて、誰が想像するだろう。なんと世界は広いことか。

貴州料理に欠かせぬ蘸水（つけだれ）は、もちろんこの鍋でも大活躍する。酸湯魚とは調合が違って、煳辣椒面、花椒、葱、生姜、大蒜、腐乳などを合わせた小皿が供される。言わずもがなだが、腐乳は発酵食品。発酵のキーワードは貴州料理の至るところに顔を出す。また、店によっては、蘸水にも刻んだミントを入れる。そのたれを犬肉につけてパクリとやってごらんなさい……嗚呼！　ミント＝「狗肉香」の呼び名が如何に的を射たものか、舌で理解できるは

初めての犬肉鍋は、是非とも貴州で！　絶対後悔しませんぜ。

こんなに美しい肉は美味しいに決まっている。食べれば分かる。

ミントを入れると、鍋が一気に華やかになる。
わしゃわしゃ食べる。

犬肉のベストバディは、なんと薄荷（ミント）！

犬肉にちょんとつけて食べると、
たまらなく旨い。

花江狗肉鍋の蘸水。例によって、これに少量の
スープを注いで溶き、つけだれにする。

貴州ならではの絶品薬膳鍋！

写真からも気品がただよってこないだろうか。スープだけでも絶品！

ずだ。

韓国や中国北方の辛味が際立つ犬肉鍋や、中国南方の八角を強く効かせた犬肉鍋だってとても美味しいのだが、この澄んだ境地は貴州の犬肉鍋ならではのものだ。

これほどまでに美味しい花江狗肉鍋であるが、悲しいことにこの十年ほどの間に食べられる店が激減していて、僕が好きだったいくつかの店も閉業したと聞いた。犬肉食は非人道的だと主張する動物愛護主義者の声が、中国の国際化やグローバル化の波に乗って、貴州省ですら一定の力を持ち始めたからのようだ。

自らの感情的かつ独善的な価値観を他人に押し付けることに何の疑問も持たぬ人々の声によって、その地域で長く親しまれてきた料理が消えていってしまうことに、僕は深い憂いと憤りを感じている。食べたい人は食べる。食べたくない人は食べない。その程度の違いも認められない人々が幅を利かせる世界が、今より良い方向に向かうことがあるだろうか。

ここで、先ほどの犬肉鍋専門店の口上を再び借りたい。

「花江狗肉鍋は、三国の昔より食べ続けられてきた歴史ある料理でございます。犬肉鍋はたかがひとつの料理ではございますが、また、ひとつの文化でもあるのです」

たかがひとつの料理ではあるが、ひとつの文化。本書を締めくくるにあたり、これほど適した言葉もない。何故なら、この犬肉鍋のみならず、これまでの各章で紹介してきた全ての料理に同じことが言えるからだ。

学生時代に初めて中国を訪れて以来、僕にとって、中華料理を食べることは中国の文化に触れることでもあった。未知の料理の美味しさに感動して「これはどんな料理なのだろう？」と調べれば、どの料理もその土地の風土、歴史、文化があってこそ生まれたものなのだと思い至ることになった。そして、そうやって料理の背景を知ることが、食べた料理の味わいを一段と鮮やかにしてくれたように思う。

本場の中華料理に魅入られてそろそろ三十年、それでも未知の料理がまだまだあるのだから、この楽しみは一生ものだ。なんとも喜ばしいことではないか。

column 9

まだまだ続く大海原

中華料理の奥深さは果てしないが、その一方で紙幅には限りがある。本書の巻末を飾る当コラムでは、本文では登場しなかった地域の名物料理を少しずつ紹介していきたい。

まず採り上げたいのが、東北料理。中国東北部のいわゆる東北三省（遼寧省・吉林省・黒竜江省）の料理だ。僕自身が大好きな料理体系なので、心情としては詳しく採り上げたかったのだが、掲載に耐える画質の料理写真が少なかったため、泣く泣く本文での紹介を見送ったものだ。

東北三省は、清朝を興した満洲族の故地である。日本の国土の二倍以上もある広大な土地は肥沃な土壌と豊富な地下資源を有するが、長らく漢民族の入植が禁じられていたため、開発が遅れていた。しかし、十九世紀後半以降の開放政策により、主に山東省の人々が新天地を求めて大量移住してから開拓が進み、中国でも指折りの食糧主産地となった。

冬の厳しい寒さが食材や調理法に制約を生むため、東北料理は見た目も味わいも地味だ。だが、ある意味、それが開拓時代からの荒々しさや素朴さを感じさせ、僕には好ましい。また、塩味・醤油味を主とした味付けは親しみやすく、飽きが来ない。僕にとっては、中華料理における「おふくろの味」的存在かもしれない。

地味だが旨い東北料理と言えば、真っ先に思いつくのが地三鮮《ディーサンシエン》だ。料理名は「三つの大地の恵み」を意味するのだが、その内訳が茄子・ピーマン・じゃが芋というありふれた野菜であるところが、如何にも東北料理らしい。

しかし、これが旨い。三種の野菜をそれぞれ素揚げして、醤油味で炒め合わせるだけなのだが、じゅんわりと柔らかな茄子、パキッとしたピーマン、ホックリとしたじゃが芋と、それぞれの個性が見事に互いを高め合い、思わず目を見開く旨さになる。組み合わせの妙とは正にこのことだ。

　そして、東北料理を語る上で欠かすことのできない食材が、酸菜《スアンツァイ》（白菜の漬物）である。東北地方では冬前に採れた野菜を干したり漬物にしたりして長く厳しい冬に備えるが、酸菜はその代表格だ。

地三鮮。食材も見た目も地味だが、実に旨い。組み合わせの妙。

　その作り方は、極めて豪快だ。昔の農家では、大きな甕に白菜を丸ごといくつも放り込み、浸るくらいの水を注いで蓋をして、家の外に放置するだけだったのだそうだ。腐敗防止の塩など入れずとも、低温下で緩やかに乳酸発酵が進み、見事な漬物が出来上がるのだという（但し、現代は塩を入れて作ることも多い）。

　酸菜は、日本の白菜の漬物と違って生のまま食べることはなく、千切りにして火を通すのが一般的だ。僕が大好きなのは、酸菜・太めの春雨・細切り豚肉を醤油味で炒めた漬菜粉《ズーツァイフェン》（酸菜炒粉条《スアンツァイチャオフェンティアオ》ともいう）。全体が茶色い見た目は地味極まりないが、春雨にからまった酸菜ごとズビビとやると、乳酸発酵の酸味と旨味がムチムチと口の中で弾け、箸が止まらなくなる。

　また、酸菜料理のご馳走といえば、酸菜白肉《スアンツァイバイロウ》だ。酸菜・春雨・下茹でした豚の三枚肉を塩味で煮込んだもので、食材の組み合わせは漬菜粉とまるで同じ。その点は冬場の制約を感じさせもするが、熟成が進んだ酸菜のまろやかな酸味が豚肉の豊かな旨味と溶け合い、実に旨い。そして、熱々のスープと共にすする春雨は、この料理の陰の主役だ。胃の奥からじんわりと広がる温かさが、身体のみならず心までほっこりと温めてくれて、東北地方で

東北料理の鉄鍋燉。巨大な鉄鍋で具を煮込み、鍋肌で玉米餅を焼く。

この料理が愛されてきた理由が胃袋で理解できる。

　そして、東北料理の最大の特徴を挙げるなら、それは量の多さかもしれない。一皿一皿の量が、他地域より明らかに多いのである。宴会ともなろうものなら、絶対にその場では食べ切れない量が出てくる（中国全体にその傾向があるが、東北はとりわけ凄い）。貧しい開拓時代に「大量＝幸福」「料理を残す＝余裕がある」という価値観が強くなったのだろうか……というのは僕の勝手な想像だが、かつて習近平政権の倹約令で料理の食べ残し削減が叫ばれたときも、真っ先にやり玉に上がったのが東北料理であった（笑）。

　東北料理の量の多さを実感するなら、鉄鍋燉《ティエグオドゥン》がお勧めだ。卓上に備え付けられた超巨大な鉄鍋（直径八十センチはある）で様々な食材を煮込む、豪放磊落な料理だ。豚スペアリブ、骨付き鶏肉、川魚といったメインの具に、酸菜、春雨、キノコ、モロッコインゲンなど様々な具を組み合わせる。更に、鍋肌に貼り付けて焼く玉米餅《ユイミービン》（とうもろこしパン）もあるので、これだけで満腹必至。元々は、東北地方の農家が台所の竈に巨大な鉄鍋をしつらえ、様々な食材を煮込んで食べていたものが原型のようだ。

　さて、思わず筆が走ってしまったので、この先はやや駆け足で。お次は、河北省の驢肉《リューロウ》（ロバ肉）料理を紹介したい。日本では馴染みがないロバ肉だが、中国では一般的な食材で、特に河北省でよく食べられている。俗に「上有龍肉、下有驢肉（天上には龍の肉があるが、地上にはロバの肉がある）」と言い、空想上の龍の肉と並び称されるほどの美味なのだ。

　河北省で最もポピュラーなロバ肉料理は、驢肉火焼《リューロウフオシャオ》（ロバ肉バーガー）だ。火焼と呼ばれる香ばしいバンズに柔らかく煮込んだロバ肉を挟む。面白いことに、省内でも地域によってスタイルが異なり、二大巨頭を挙げると、保定市では火焼が丸型で、ロバ肉は熱々で、トッピングは入れず、太行驢《タイシンリュー》（ロバの品種）を用いる。一方、河間市では火焼が細長く、ロバ肉は常温で、刻んだ青唐辛子を入れ、渤海驢《ボーハイリュー》を用いる。ロバ肉の調理法や味付けも異なるので、両者は似て非なるものだ。それだけにそれぞれに熱烈な支持者がいるが、その覇権争いからは距離を置いて言うと、どちらも旨い（笑）。

ロバ肉の魅力を多方面から味わうなら、全驢拼盤《チュエンリューピンパン》がいい。驢肉《リューロウ》（肉）、驢蹄筋《リューティージン》（アキレス腱）、驢板腸《リューバンチャン》（腸）、

河北省名物の驢肉火焼。保定式は丸型で、ロバ肉が熱々。

河間式の驢肉火焼は細長く、ロバ肉が常温で、青唐辛子が入る。

驢臉《リューリエン》（顔の肉）など、様々な部位を複雑な配合の香辛料で煮たものを黒酢ダレにつけて食べる。ロバは繊維の詰まったみっしりした肉質が特徴的だ。そこにむっちりしたゼラチン質が混じったアキレス腱や顔の肉も美味。肉厚の腸も、クセのない旨味の塊だった。この他、驢肉湯《リューロウタン》（ロバ肉スープ）や驢肉火鍋《リューロウフオグオ》（ロバ肉鍋）についても語りたいが、自重しておく。

その代わりに、一九九七年に四川省から分離されて直轄市となった重慶市の麻辣火鍋《マーラーフオグオ》に触れよう。重慶には、犬も歩けば火鍋屋に当たると言っていいほど火鍋屋が多い。麻辣火鍋には、ムシムシした気候の中で新陳代謝を高める効果があると言われていて、真夏でも火鍋屋は賑わっている。

今や日本にも多数の専門店がある麻辣火鍋だが、本場は物が違う。かつて重慶人の知人は「他地域の『激辛』は、重慶だと『チョイ辛』ってところかな」と言ったものである。その言葉通り、マグマのようにたぎる真っ赤なスープの中には、未食の者には絶対想像できない量の唐辛子と花椒が沈んでいる。その刺激の強さは……重慶

重慶市の麻辣火鍋。煮立てると大量の唐辛子と花椒が浮かび上がる。

で麻辣火鍋を食べるなら、翌日は外出の予定を入れない方がいいと言っておこう（笑）。

しかし、麻辣の刺激ばかりが麻辣火鍋の魅力ではない。本当の魅力は、具材の豊富さと質の良さにこそある。地元民が愛する「三種の神器」は、毛肚《マオドゥー》（牛センマイ）、黄喉《ホアンホウ》（牛ノドモト）、鴨腸《ヤーチャン》（アヒルの腸）だ。どの店で頼んでも鮮度抜群で、小気味よい歯応えの中から旨味が染み出てくる。

僕としては、そこに鴨血《ヤーシュエ》（アヒルの血プリン）を加えて、「四天王」としたい。他地域の鴨血は、血に塩水を加えて固めたあと蒸してから出荷されるので、灰色で固めの食感になったものが多いが、重慶では蒸す前の真っ赤なものをそのまま出す店があるのだ。ルビー色に輝く鴨血は実に艶めかしく、香りとプルプルの舌触りが極上。今なお忘れられない美味だ。

その他、猪脳《ジューナオ》（豚の脳みそ）、鵝腸《アーチャン》（ガチョウの腸）、黄鱔《ホアンシャン》（タウナギ）、泥鰍《ニーチウ》（ドジョウ）など、頼むべき具材は枚挙にいとまがない。全く以って、単なる薄切り肉を注文して満足している場合ではないのである。もちろん、各種青菜、キノコ、じゃが芋、蓮根、豆もやし、豆腐、揚げ湯葉、干し豆腐、春雨など、野菜・豆製品系の具材も豊富なので、毎度注文には頭を悩ませていた。

この他、江西省のスープ文化、山西省の麺文化など、書きたいことはまだまだたくさんあるが、いよいよ紙幅が尽きた。いつか本書では採り上げられなかった料理を紹介する機会があることを祈って、ここで筆をおくことにする。

ルビーのように美しい鴨血。麻辣火鍋は多彩な具が楽しい。

おわりに

本場の中華料理という未知の大海原へ乗り出してから、早くも三十年近くの時が過ぎた。本書は、その間ずっと書き続けてきた航海日誌の集大成と呼ぶべきものだ。

振り返ると、学生時代から旅先で食べた料理を全て書き残すという奇矯な習慣を続けていた僕が、それに飽き足らず、中国各地の料理について発信するようになったのが、二〇〇六年に始めたブログ「吃尽天下《チージンティエンシア》（天下を食べ尽くす）」だ。

当時は、念願の中国生活が始まり、中華料理への熱意が全身からほとばしっていた頃だったので、誰に頼まれたわけでもないのに、日々膨大な文章を書き連ねていた。今読み返すと気恥ずかしさもあるが、この時期に「食べて、調べて、書く」を繰り返したことで、中国各地を食べ歩いた経験が自分の血肉になったような気がする。

そんなブログが運良く目に留まり、中華料理専門のウェブメディア「80C《ハオチー》」で「中国全省食巡り」という連載を始めたのは、二〇一八年のこと。その頃、僕は上海で中国生活通算十年目を迎えたところで、過去の蓄積をまとめる機会を得て、興奮したことを覚えている。

しかし、各都市でたった三つの料理を選ぶという趣向には、大いに頭を悩ませた。しかも、その中に出来るだけ各地の食文化の特色を盛り込みたいと考えると、書きたいことがどんどん膨らみ、毎回締め切りギリギリまで推敲を繰り返した。

ただ、その作業は苦しくも楽しかった。中華料理の多彩さと美味しさをもっと多くの人に知って欲しい。その思いを叶えるには、絶好の機会だったからだ。幸い、連載中は「記事を読んで現地に飛びました」という声を数多く頂き、筆者冥利を味わわせてもらった。

本書は、その「中国全省食巡り」を基にしている。書籍化に当たり、本文に加筆修正を加えたほか、新たにコラム九本とレシピ六本を書き下ろした。本書を手に取って下さった皆さんが未知の中華料理に少しでも興味を持つきっかけになれば、望外の喜びである。

ここで、実績のない僕に連載の機会を下さった８０Ｃ編集部の佐藤貴子さんに、改めて御礼を申し上げたい。また、書籍化に当たっては、装丁家の國枝達也さんの楽しいデザインと校閲部の皆さんの緻密な校正と校閲に大いに助けて頂いた。そして、適時適切なプランとアドバイスで力強く僕を導いて下さった編集者の安田沙絵さんには、感謝してもし切れない。

最後に、これまで一緒に中国各地を飛び回り、中国生活の全てを共にしてきた連れには、一番の感謝を伝えたい。僕と同じく、毎日毎食中華料理でも飽きない連れがいなかったら、本書は存在しえなかった。ブログ時代から、いつも的確な助言をありがとう。

この大海原の果てはまだまだ見えないけれど、我が子という新たな船員《クルー》も加えて、今日も楽しく航海を続けている。

二〇二四年八月末日　　酒徒　拝

再見！

紹興酒漬け　300
・**醉蚶**／醉蚶／zuìhān【ズイハン】サルボウガイの紹興酒漬け　301
・**紅膏熗蟹**／红膏炝蟹／hónggāo qiàngxiè【ホンガオチャンシエ】ワタリガニの塩漬け　302
・**葱油海瓜子**／葱油海瓜子／cōngyóu hǎiguāzi【ツォンヨウハイグアズ】テリザクラの葱油炒め　304
・**醋燒跳魚**／醋烧跳鱼／cùshāo tiàoyú【ツゥーシャオティアオユィ】ムツゴロウの酢醤油煮込み　305
・**跳魚豆腐湯**／跳鱼豆腐汤／tiàoyú dòufu tāng【ティアオユィドウフタン】ムツゴロウの豆腐スープ　305
・**蝦潺豆腐湯**／虾潺豆腐汤／xiāchán dòufu tāng【シアチャンドウフタン】テナガミズテングの豆腐スープ　307
・**塩水野生江白蝦**／盐水野生江白虾／yánshuǐ yěshēng jiāngbáixiā【イエンシュイイエシェンジャンバイシア】川海老の塩茹で　306
・**蟹漿**／蟹浆／xièjiāng【シエジャン】ワタリガニのとろみ炒め　306
・**魚羹**／鱼羹／yúgēng【ユィゲン】魚のとろみ煮込み　306
・**雪汁小梅魚**／雪汁小梅鱼／xuězhī xiǎoméiyú【シュエジーシャオメイユィ】カンダリの雪菜蒸し　308
・**醬汁玉禿魚**／酱汁玉秃鱼／jiàngzhī yùtūyú【ジャンジーユィトゥユィ】アカシタビラメの醤油煮込み　308
・**紅燒娃娃魚**／红烧娃娃鱼／hóngshāo wáwayú【ホンシャオワーワーユィ】サンショウウオの醤油煮込み　308

15　貴州省貴陽市

・**腸旺麵**／肠旺面／chángwàng miàn【チャンワンミエン】豚モツラーメン　319
・**花渓牛肉粉**／花溪牛肉粉／Huāxī niúròu fěn【ホアシーニウロウフェン】牛肉ライスヌードル　319
・**酸湯魚**／酸汤鱼／suāntāngyú【スアンタンユィ】川魚の発酵スープ煮　325
・**花江狗肉鍋**／花江狗肉锅／Huājiāng gǒuròu guō【ホアジャンゴウロウグオ】薬膳犬肉鍋　330

コラム①　中国食べ歩きの羅針盤

・**爆炒松茸**／爆炒松茸／bàochǎo sōngróng【バオチャオソンロン】松茸の炒めもの　42

コラム③　堪能！上海のお昼ご飯！

・**塩水鴨**／盐水鸭／yánshuǐyā【イェンシュイヤー】アヒルの冷菜　128
・**酸筍炒肉絲**／酸笋炒肉丝／suānsǔn chǎo ròusī【スアンスンチャオロゥスー】タケノコの漬物と細切り豚肉の炒めもの　129
・**腐乳炒空心菜**／腐乳炒空心菜／fǔrǔ chǎo kōngxīncài【フールーチャオコンシンツァイ】空心菜の腐乳炒め　129
・**涼拌海蜇頭**／凉拌海蜇头／liángbàn hǎizhétóu【リャンバンハイジャートウ】クラゲの頭の冷菜　129
・**泡菜大黄鱔**／泡菜大黄鳝／pàocài dàhuángshàn【パオツァイダーホアンシャン】四川の漬物とタウナギの炒め煮　130
・**干貝炒飯**／干贝炒饭／gānbèi chǎofàn【ガンベイチャオファン】干し貝柱の炒飯　130
・**紅蛤冬瓜湯**／红蛤冬瓜汤／hónggé dōngguā tāng【ホンガードングアタン】アケガイと冬瓜のスープ　130

コラム⑤　少数民族の食に魅せられて

・**竹筒鶏**／竹筒鸡／zhútǒng jī【ジュートンジー】地鶏の竹筒蒸し　194
・**猪脚燉黄豆**／猪脚炖黄豆／zhūjiǎo dùn huángdòu【ジュージャオドゥンホアンドウ】豚足と大豆の煮込み　194
・**荷包蛋米粉**／荷包蛋米粉／hébāodàn mǐfěn【ハァバオダンミーフェン】フライドエッグ入りライスヌードル　194
・**酸魚**／酸鱼／suānyú【スアンユィ】川魚のなれずし　195
・**酸肉**／酸肉／suānròu【スアンロウ】豚肉のなれずし　195
・**酸鴨**／酸鸭／suānyā【スアンヤー】アヒルのなれずし　195

コラム⑨　まだまだ続く大海原

・**地三鮮**／地三鲜／dìsānxiān【ディーサンシエン】ピーマン・じゃが芋・茄子の炒めもの　336
・**漬菜粉**／渍菜粉／zìcài fěn【ズーツァイフェン】白菜の漬物と春雨の炒めもの　337
・**酸菜白肉**／酸菜白肉／suāncài báiròu【スアンツァイバイロウ】白菜の漬物と豚三枚肉の煮込み　337
・**鉄鍋燉**／铁锅炖／tiěguō dùn【ティエグオドゥン】東北地方の大鍋煮込み　338
・**驢肉火燒**／驴肉火烧／lǘròu huǒshāo【リューロウフオシャオ】ロバ肉バーガー　338
・**全驢拼盤**／全驴拼盘／quánlǘ pīnpán【チュエンリューピンパン】ロバの肉とモツの盛り合わせ　339
・**麻辣火鍋**／麻辣火锅／málà huǒguō【マーラーフオグオ】重慶式激辛鍋　339

・葱拌八帯／葱拌八带／cōngbàn bādài【ツォンバンバーダイ】イイダコの冷菜　168
・清蒸海星／清蒸海星／qīngzhēng hǎixīng【チンジェンハイシン】ヒトデの姿蒸し　168
・芙蓉海胆／芙蓉海胆／fúróng hǎidǎn【フーロンハイダン】ウニの茶碗蒸し　168
・青島涼粉／青岛凉粉／Qīngdǎo liángfěn【チンダオリャンフェン】青島式ところてん　169
・塩水蝲蛄／盐水蝲蛄／yánshuǐ làgū【イェンシュイラーグー】シャコの塩茹で　169
・姜葱炒梭子蟹／姜葱炒梭子蟹／jiāngcōng chǎo suōzixiè【ジャンツォンチャオスオズシエ】ワタリガニの生姜葱炒め　169
・蒜蓉粉絲蒸珍珠貝／蒜蓉粉丝蒸珍珠贝／suànróng fěnsī zhēng zhēnzhūbèi【スアンロンフェンスージェンジェンジューベイ】タイラギと春雨の大蒜蒸し　169
・清蒸比目魚／清蒸比目鱼／qīngzhēng bǐmùyú【チンジェンビームーユィ】ヒラメの姿蒸し　169

09　広西チワン族自治区桂林市

・啤酒魚／啤酒鱼／píjiǔyú【ピージウユィ】揚げ魚のビール煮込み　176
・田螺醸／田螺酿／tiánluóniàng【ティエンルオニャン】タニシの肉詰め　180
・醋血鴨／醋血鸭／cùxuěyā【ツゥシュエヤー】ブラッディーダック　181
・桂林米粉／桂林米粉／Guìlín mǐfěn【グイリンミーフェン】桂林式ライスヌードル　187
・鹵菜粉／卤菜粉／lǔcài fěn【ルーツァイフェン】基本の桂林米粉　188

10　湖南省長沙市

・長沙米粉／长沙米粉／Chángshā mǐfěn【チャンシャーミーフェン】長沙式ライスヌードル　200
・原湯肉絲粉／原汤肉丝粉／yuántāng ròusī fěn【ユエンタンロウスーフェン】細切り豚肉入りライスヌードル　202
・辣椒炒肉／辣椒炒肉／làjiāo chǎo ròu【ラージャオチャオロウ】青唐辛子と豚バラ肉の醬油炒め　206
・青椒帯皮蛇／青椒带皮蛇／qīngjiāo dàipíshé【チンジャオダイピーシャー】青唐辛子と蛇の炒め煮　208
・長沙臭豆腐／长沙臭豆腐／Chángshā chòudòufu【チャンシャーチョウドウフ】長沙式臭豆腐　210

11　江蘇省蘇州市

・百合炒鶏頭米／百合炒鸡头米／bǎihé chǎo jītóumǐ【バイハァチャオジートウミー】百合根とオニバスの実の炒めもの　220
・桂花糖水鶏頭米／桂花糖水鸡头米／guìhuā tángshuǐ jītóumǐ【グイホアタンシュイジートウミー】キンモクセイ風味のオニバスの実入りデザートスープ　222
・清炒鶏頭菜／清炒鸡头菜／qīngchǎo jītóucài【チンチャオジートウツァイ】オニバスの茎の塩炒め　222
・西芹炒馬蹄／西芹炒马蹄／xīqín chǎo mǎtí【シーチンチャオマーティ】セロリとクワイの炒めもの　222
・菱角毛豆／菱角毛豆／língjiǎo máodòu【リンジャオマオドウ】菱の実と枝豆の炒めもの　222
・蔵書羊肉／藏书羊肉／cángshū yángròu【ツァンシューヤンロウ】蘇州式山羊料理　224
・羊糕／羊糕／yánggāo【ヤンガオ】山羊の煮凝りケーキ　227
・白焼羊肉羊雑鍋／白烧羊肉羊杂锅／báishāo yángròu yángzá guō【バイシャオヤンロウヤンザーグオ】山羊の肉とモツの煮込み鍋　227
・白切羊肉麺／白切羊肉面／báiqiē yángròu miàn【バイチエヤンロウミエン】山羊肉のスープ麺　230
・蘇式湯麺／苏式汤面／Sūshì tāngmiàn【スーシータンミエン】蘇州式スープ麺　231
・紅湯陽春麺／红汤阳春面／hóngtāng yángchūn miàn【ホンタンヤンチュンミエン】具なし醬油スープ麺　233
・楓鎮大肉麺／枫镇大肉面／Fēngzhèn dàròu miàn【フォンジェンダーロウミエン】夏限定・豚三枚肉のスープ麺　234

12　四川省成都市

・茶座／茶座／cházuò【チャーズオ】青空茶館　244
・手撕烤兎／手撕烤兔／shǒusī kǎotù【ショウスーカオトゥー】兎の丸焼き　250
・老媽兎頭／老妈兔头／lǎomā tùtóu【ラオマートゥートウ】兎の頭の煮込み　250
・夫妻肺片／夫妻肺片／fūqī fèipiàn【フーチーフェイピエン】牛モツの激烈麻辣和え　255

13　北京市

・炸醬麺／炸酱面／zhájiàng miàn【ジャージャンミエン】ジャージャー麺　266
・褡褳火焼／褡裢火烧／dālián huǒshāo【ダーリエンフオシャオ】北京式棒餃子　266
・香椿豆腐／香椿豆腐／xiāngchūn dòufu【シャンチュンドウフ】豆腐のチャンチン和え　274
・茄泥／茄泥／qiéní【チエニー】茄子の胡麻だれ和え　275
・豆児醤／豆儿酱／dòurjiàng【ドウアルジャン】豚皮の煮凝り　275
・芥末墩児／芥末墩儿／jièmo dūnr【ジエモードゥアル】白菜の辛子漬け　276
・麻豆腐／麻豆腐／mádòufu【マードウフ】緑豆おからの羊油炒め　277
・爆肚／爆肚／bàodǔ【バオドゥ】茹でモツ　279
・涮羊肉／涮羊肉／shuànyángròu【シュアンヤンロウ】羊肉しゃぶしゃぶ　279

14　浙江省寧波市

・寧波湯団／宁波汤团／Níngbō tāngtuán【ニンボータントゥアン】寧波白玉団子　294
・豆沙圓子／豆沙圆子／dòushā yuánzi【ドウシャーユエンズ】餡なしの白玉団子　296
・寧波年糕／宁波年糕／Níngbō niángāo【ニンボーニエンガオ】寧波式もち　294
・白蟹炒年糕／白蟹炒年糕／báixiè chǎo niángāo【バイシエチャオニエンガオ】ワタリガニと年糕の炒めもの　298
・海観園炒年糕／海观园炒年糕／hǎiguānyuán chǎo niángāo【ハイグアンユエンチャオニエンガオ】イソギンチャクと年糕の炒めもの　298
・寧波蟹糊／宁波蟹糊／Níngbō xièhù【ニンボーシエフー】寧波式蟹の塩漬け　300
・酔泥螺／醉泥螺／zuìníluó【ズイニールオ】ウスヌキガイの

◎本書に登場する主な料理一覧◎

日本語表記／中国語簡体字／ピンイン【カタカナよみ】和訳

01　上海市

- **菜飯**／菜饭／càifàn【ツァイファン】上海式炊き込みご飯　10
- **黄豆骨頭湯**／黄豆骨头汤／huángdòu gŭtóu tāng【ホァンドウグートウタン】大豆と豚骨のスープ　12
- **糖醋小排**／糖醋小排／tángcù xiǎopái【タンツゥシャオパイ】豚の骨付きスペアリブの甘酢揚げ　14
- **紅焼肉**／红烧肉／hóngshāoròu【ホンシャオロウ】豚三枚肉の醬油煮込み　15
- **葱油拌麺**／葱油拌麵／cōngyóu bànmiàn【ツォンヨウバンミエン】葱油の和え麺　17

02　雲南省西双版納傣族自治州

- **檸檬鶏**／柠檬鸡／níngméngjī【ニンモンジー】傣族のレモン鶏　24
- **烤鶏**／烤鸡／kǎojī【カオジー】焼き鳥　28
- **牛肉苦胆湯**／牛肉苦胆汤／niúròu kŭdăn tāng【ニウロウクーダンタン】牛肉の激苦スープ　29
- **米線**／米线／mĭxiàn【ミーシエン】雲南式ライスヌードル　32

03　広東省広州市

- **煲湯**／煲汤／bāotāng【バオタン】とろ火煮込みスープ　48
- **燉湯**／炖汤／dùntāng【ドゥンタン】蒸しスープ　49
- **老火例湯**／老火例汤／lǎohuǒ lìtāng【ラオフオリータン】本日のスープ　52
- **焼味**／烧味／shāowèi【シャオウェイ】ロースト料理　55
- **臘味**／腊味／làwèi【ラーウェイ】塩や醬油に漬けた肉類を干したもの　57
- **滷味**／卤味／lǔwèi【ルーウェイ】下茹でした肉類を滷汁【ルージー】という漬け汁に浸したもの　60
- **早茶**／早茶／zǎochá【ザオチャー】朝の飲茶　61

04　福建省厦門市

- **海蛎煎**／海蛎煎／hǎilìjiān【ハイリージエン】牡蠣爆弾　72
- **春巻**／**春卷**／chūnjuǎn【チュンジュエン】春巻　76
- **沙茶麺**／沙茶面／shāchá miàn【シャーチャーミエン】サテ麺　77
- **沙茶烤肉串**／沙茶烤肉串／shāchá kǎoròuchuàn【シャーチャーカオロウチュアン】サテソースの串焼き　77
- **土筍凍**／土笋冻／tǔsǔndòng【トゥスンドン】土筍ゼリー　83
- **土筍湯**／土笋汤／tǔsǔntāng【トゥスンタン】巨大土筍ゼリー　84

05　新疆ウイグル自治区吐魯番市

- **曲曲**／曲曲／qūqū【チュウチュウ】チュチュレ。ウイグル式ワンタンスープ　94
- **酸湯曲曲**／酸汤曲曲／suāntāng qūqū【スアンタンチュウチュウ】トマトスープのチュチュレ　95
- **大盤鶏**／大盘鸡／dàpánjī【ダーパンジー】鶏肉とじゃが芋のスパイシー煮込み　98
- **抓飯**／抓饭／zhuāfàn【ジュアファン】ポロ。ウイグル式ピラフ　102
- **拌麺**／拌面／bànmiàn【バンミエン】ラグメン。ウイグル式ぶっかけうどん　102
- **羊肉串**／羊肉串／yángròu chuàn【ヤンロウチュアン】羊肉の串焼き　106

06　海南省海口市

- **斎菜煲**／斋菜煲／zhāicài bāo【ジャイツァイバオ】海南式精進鍋　112
- **糟粕醋**／糟粕醋／zāopòcù【ザオポーツゥ】酒かすスープの煮込み鍋　116
- **清補涼**／清补凉／qīngbŭliáng【チンブーリャン】薬膳ココナッツスイーツ　116
- **海南粉**／海南粉／Hǎinán fěn【ハイナンフェン】海南式和えライスヌードル　123

07　陝西省西安市

- **𰻞𰻞麺**／**𰻝𰻝**面／biángbiángmiàn【ビアンビアンミエン】陝西式超幅広ぶっかけうどん　134
- **饃**／馍／mó【モー】陝西式パン　139
- **肉夾饃**／肉夹馍／ròujiāmó【ロウジアモー】陝西式ハンバーガー　139
- **泡饃**／泡馍／pàomó【パオモー】モーのスープ煮　140
- **掰饃**／掰馍／bāimó【バイモー】モーを細かくちぎること　140
- **羊肉泡饃**／羊肉泡馍／yángròu pàomó【ヤンロウパオモー】モーの羊肉スープ煮　144
- **牛肉泡饃**／牛肉泡馍／niúròu pàomó【ニウロウパオモー】モーの牛肉スープ煮　146
- **小炒泡饃**／小炒泡馍／xiǎochǎo pàomó【シャオチャオパオモー】モーの五目スープ煮　146
- **葫蘆頭**／葫芦头／húlútóu【フールートウ】モーの豚モツスープ煮　147
- **胡辣湯**／胡辣汤／húlà tāng【フーラータン】ピリ辛五目スープ　148

08　山東省青島市

- **鮁魚水餃**／鲅鱼水饺／bàyú shuǐjiǎo【バーユィシュイジャオ】サワラ餡の巨大水餃子　156
- **海鮮水餃**／海鲜水饺／hǎixiān shuǐjiǎo【ハイシエンシュイジャオ】海鮮水餃子　158
- **辣炒蛤蜊**／辣炒蛤蜊／làchǎo gélí【ラーチャオガーリー】アサリの辛味炒め　160
- **青島啤酒**／青岛啤酒／Qīngdǎo píjiǔ【チンダオピージウ】青島ビール　164
- **清蒸龍蝦**／清蒸龙虾／qīngzhēng lóngxiā【チンジェンロンシア】伊勢海老の姿蒸し　167
- **韮菜炒海腸**／韭菜炒海肠／jiǔcài chǎo hǎicháng【ジウツァイチャオハイチャン】ニラとユムシの炒めもの　167
- **塩水蝦虎**／盐水虾虎／yánshuǐ xiāhǔ【イェンシュイシアフー】シャコの塩茹で　168

初出

「中国全省食巡り」
中華がわかるWEBメディア80C［ハオチー］
2018年6月～2020年2月

書籍化にあたりコラム・レシピを追加し、
大幅に加筆・修正しました。

写真提供・協力

80C
あおしまばくしゅう（青島ビールインフルエンサー）166頁

中華満腹大航海《ちゅうかまんぷくだいこうかい》

2024年12月10日　初版発行
2024年12月25日　再版発行

著者／酒徒《しゅと》

発行者／山下直久

発行／株式会社KADOKAWA
〒102-8177　東京都千代田区富士見2-13-3
電話 0570-002-301（ナビダイヤル）

印刷所／株式会社KADOKAWA

製本所／株式会社KADOKAWA

●お問い合わせ
https://www.kadokawa.co.jp/（「お問い合わせ」へお進みください）
※内容によっては、お答えできない場合があります。
※サポートは日本国内のみとさせていただきます。
※Japanese text only

定価はカバーに表示してあります。

ISBN 978-4-04-400840-6　C0026